Hallo Nachbar

Briefe an die Nachbarschaft

Peter Schütt

pstt-Verlag

Manchmal kann man nicht anders und man muss einfach weitersagen, was man erlebt hat und was einem wichtig ist. Doch wie? Mit Plakaten? Mit einem Megaphon? Wie findet man die richtige Balance zwischen Nicht-Schweigen und dem anderen auf die Nerven zu gehen?

Also verwandelte ich mich einmal im Monat in einen Briefträger und besuchte eine Stunde lang die Briefkästen an allen Häusern meiner Straße.

Peter Schütt, geboren in Düsseldorf, aufgewachsen in Leichlingen und Lützenkirchen, wohnt jetzt mit seiner Frau und vier Kindern in Witzhelden.

Er studierte Informatik und arbeitet nun als Software-Architekt.

Schon als Student begann er als Laienprediger in seiner Gemeinde, war und ist in der Jugendarbeit aktiv und begleitet ab und zu den Gesang im Gottesdienst.

Weiterhin schreibt er Andachten, Kurzgeschichten, Sketche und alles, was ihm so einfällt.

Hallo Nachbar

Briefe an die Nachbarschaft

Peter Schütt

 pstt-Verlag

Ein großer Dank von mir an meine Frau und an meine Kinder, dass sie mich bei meinen schriftstellerischen Aktivitäten immer unterstützen.

Weiterhin möchte ich meinen Eltern danken, dass sie mir damals die Freiheit für meine Nachbarschaftsbriefe gelassen haben.

© Peter Schütt, Leichlingen, 1990-1995,2016
1. Auflage 2016
Verlag: Peter & Sonja Schütt Gbr (⚷ pstt-Verlag),
Scharweg 6, 42799 Leichlingen, www.pstt-verlag.de
gesetzt mit LATEX
Umschlaggestaltung, Illustration: Peter Schütt
Druck: createspace.com
ISBN-13: 978-3946605027
ISBN-10: 3946605028

Inhaltsverzeichnis

Vorwort

Was ist so wichtig, dass man es anderen weitersagen möchte? Kann es überhaupt so etwas Bedeutendes geben, das sich lohnt, anderen weiterzusagen?

Was hilft einem Menschen?

Vielleicht sollte man sich auf Ratgeberliteratur beschränken, auf etwas Praktisches, womit man etwas anfangen.

Wie koche ich am Gesündesten, wie lege ich Fliesen, wie erziehe ich Kinder, wie repariere ich Autos, wie bedient man einen Computer?

Mancher Ratgeber in Buchform hat eine lange Dienstzeit, wie z.B. ein Kochbuch, welches immer weiter vererbt wird.

Aber viele andere Exemplare dieser einstmals hilfreichen Literatur wandern bald in Kisten auf den Dachboden, weil man Hemmungen hat, Bücher wegzuschmeißen.

Ich habe es vor einem halben Jahr getan. Es tat mir weh, aber es ging nicht anders. Es waren Computerfachbücher, die Technologien und Geräte behandelten, die keiner mehr verwendet. Ich hatte schon seit Jahren nicht mehr hineingesehen und niemand wollte diese Bücher haben, niemand braucht sie.

Sicherlich haben nicht alle Ratgeberbücher eine so kurze Lebensdauer wie Computerliteratur, aber auch andere Ratgeber veralten. Ein „Ich-helfe-mir-selbst"-Buch für einen C-Kadett konnte ich immerhin noch über ein Antiquariat verkaufen, wahrscheinlich an einen Oldtimer-

Liebhaber. Für die jüngeren Leser kurz zur Erklärung: Ein C-Kadett ist ein Wagen aus den 1970ern.

Nun habe ich meine Texte vor mir, die ich von 1990 bis 1995 geschrieben hatte. Irgendwie konnte ich damals nicht anders und musste einfach weitersagen, was ich erlebt hatte und was mir wichtig war. Doch wie? Mit Plakaten? Mit einem Megaphon? Wie findet man die richtige Balance zwischen Nicht-Schweigen und dem anderen auf die Nerven zu gehen?

Also verwandelte ich mich einmal im Monat, meist am Samstag Nachmittag, in einen Briefträger und besuchte eine Stunde lang die Briefkästen an allen Häusern meiner Straße.

Diese alten Texte sind immer noch aktuell und gehen tiefer als simple Ratgeber und beschäftigen sich mit grundsätzlicheren Themen. Wie ist der Mensch und wie kann er mit seinen Sorgen und Problemen umgehen? Welche Rolle kann Gott in seinem Leben spielen?

Ich habe als junger Twen weniger daran gedacht, wie das Geschriebene auf den andern wirken könnte, ob ich damit vielleicht jemanden zu nahe trete. Vielleicht war ich manchmal zu wenig einfühlsam, aber ich habe einfach weiter gegeben, was mir wichtig war.

Aber diese meine Texte von damals fordern mich, ein knapp 50-Jähriger, wieder heraus. Manchmal fühle ich mich von meinen eigenen Worten auch ein wenig angeklagt, aber ich will mich hinter meiner scheinbaren Lebenserfahrung nicht verstecken und mich erneut meinen Gedanken von damals stellen.

Außer wenigen Korrekturen in der Formulierung und die Umstellung auf die neue Rechtschreibung sind es die Originaltexte. Auch der letzte Brief, der mehr ein Nachwort und eine Bilanz ist, wurde mit abgedruckt.

Außerdem war es technisch kein Problem, Ihnen einen Index bestimmter markanter Wörter zur Verfügung zu stellen, weswegen so ein Index angehängt wurde.

Ich wünsche Ihnen, werter Leser, dass auch Sie sich herausfordern und zum Nachdenken anregen lassen.

Ihr Peter Schütt

Einleitung

Warum überhaupt in der Bibel lesen, was ist die Bibel überhaupt?

Das Wort Bibel heißt übersetzt „Das Buch", obwohl die Bibel, genau genommen, gar kein einzelnes Buch, sondern eine Sammlung von Büchern ist. Die Bibel ist über 1000 Jahre hinweg entstanden und wurde von etwa 45 Schreibern der verschiedensten sozialen Schichten und Berufe aufgeschrieben; z.b. Universitätsabsolvent Mose, General Josua, König David, Hirte Amos, Fischer Petrus, Zöllner Matthäus, Arzt Lukas und viele mehr.

Die einzelnen Bibelbücher entstanden an ungewöhnlichen Orten wie Wüste, Kerker, Palast, auf Reisen, in der Verbannung auf einer Insel, usw.

Die Bibel enthält Berichte, Vorhersagen, Versprechen, Gebote, Lieder, Sprichwörter, Gleichnisse, Stammbäume und einiges mehr.

Über die ganze Bibel zieht sich ein Zusammenhang, der bei so einer Entstehungsgeschichte sehr ungewöhnlich ist.

All diese Dinge sind sehr interessant, aber sie sind noch kein Grund sich mit der Bibel zu beschäftigen. Um festzustellen, ob mir die Bibel etwas zu sagen hat, muss ich sie lesen. Aber warum soll ich mich auf die Bibel einlassen?

In der Bibel selbst wird die Bibel als Wort Gottes bezeichnet.

In Psalm 119, Vers 105 steht, als Gebet an Gott gerichtet:

Eine Leuchte für meinen Fuß ist dein Wort, ein Licht für meinen Pfad.

Die Bibel kann uns Wege zeigen, ohne die wir uns in unserem Leben verrennen werden. Die Bibel kann uns zeigen, wie wir richtig leben, wie wir uns richtig entfalten können.

In Psalm 119,160 steht:

Die Summe deines Wortes ist Wahrheit.

Die Bibel behauptet von sich, wahr zu sein. Ich glaube, dass das stimmt, weil ich jetzt schon seid über vier Jahre in der Bibel lese und diese Wahrheit immer wieder sehen kann, auch wenn ich vieles noch nicht verstehe.

In Psalm 119,162 steht: *Ich freue mich über dein Wort wie eine der große Beute macht.*

Bibellesen gibt mir viel und macht mein Leben reich. Das kann man nur nachvollziehen, wenn man es selbst erlebt.

Die Bibel als Ganzes

Die Bibel kann in fünf V's eingeteilt werden:

1. Vorbereitung

2. Vollendung

3. Verkündigung

4. Vertiefung

5. Verheißung

Diese Einteilung ist nur verständlich, wenn man weiß, welches der Mittelpunkt der Bibel ist. Dieser Mittelpunkt ist Jesus Christus.

Die meisten von Ihnen werden wissen, dass die Bibel aus zwei Teilen besteht, aus dem alten und aus dem neuen Testament. Dies ist in jeder Bibel gut erkennbar. Das alte Testament handelt im wesentlichen von der Entstehung und der Geschichte des Volkes Israel bis Christi Geburt und ist eine Sammlung von Büchern. In diesen Büchern wird mit unzähligen Hinweisen, Gleichnissen und Bildern auf Jesus hingewiesen und es werden viele Dinge vorhergesagt, die nachher auch eingetroffen sind.

Dieser Schatz an Bildern, Gleichnissen und Hinweisen diente damals der **Vorbereitung** des Volkes Israel auf Jesus Christus und auch heute hilft das alte Testament sehr dabei, Jesus besser zu verstehen, auch wenn es anfänglich etwas schwer zu verstehen ist.

Die **Vollendung** beginnt mit der Geburt Jesu, an die ja Weihnachten erinnern soll, und endet mit dem Tod und der Auferstehung Jesu. Davon wird in den vier Evangelien berichtet, von denen ja die Meisten von Ihnen sicherlich einige Passagen kennen. Die Evangelien sind die ersten Bücher im neuen Testament.

Mit **Verkündigung** ist die erste Zeit der Gemeinde Jesu gemeint. In der Apostelgeschichte, ein Buch im neuen Testament nach den Evangelien, ist sie uns erhalten. Hier wird das Leben der ersten Christen in Leid und Freude beschrieben.

Die **Vertiefung** findet in den Briefen statt, die einige Apostel an verschiedene Gemeinden damals geschrieben haben; sie kommen in der Bibel nach der Apostelgeschichte. Hier sind viele Erklärungen, Hilfen, Ermunterungen und Ermahnungen gegeben, die damals für den Aufbau der neuen Gemeinde und für das Leben der ersten Christen wichtig waren. Diese Briefe haben bis heute nichts an Aktualität eingebüßt.

Mit **Verheißung** ist das Buch der Offenbarung gemeint. Hierin ist hauptsächlich von der Zukunft die Rede, von dem, was noch passieren wird. Auch im alten Testament stehen einige Vorhersagen, die bis jetzt noch nicht eingetroffen sind, aber im Buch der Offenbarung stehen diese konzentriert. Dies ist das letzte Buch der Bibel.

Gott und Jesus

Im vorigen Kapitel wurde dargelegt, dass Jesus Christus der Mittelpunkt der Bibel ist.

Um das zu erläutern möchte ich Sie zuallererst bitten, dass Sie einmal kurz darüber nachdenken, wie Sie sich Gott vorstellen, wenn Sie an einen glauben. Die meisten von Ihnen haben sicher ein ziemlich unklares Bild von Gott oder sie können gar nicht an einen Gott glauben. Vielen Menschen erscheint er auch sehr weit weg.

Das hat folgenden Grund: Man kann das Verhältnis zwischen Gott und Mensch ein bisschen mit dem Verhältnis zwischen einem Menschen und einer Ameise vergleichen. Eine Ameise kann, wenn überhaupt, nur sehr eingeschränkt „denken" und einen Menschen nie und nimmer begreifen. Genauso wenig kann ein Mensch Gott verstehen und erfassen. Viele Menschen haben sich viele Gedanken über Gott gemacht und haben gesagt, es gibt keinen Gott, weil sie im Vergleich zu Gott Ameisen sind. Eine Ameise kann nicht wissen, wie ein Mensch ist; genauso wenig können wir Menschen wissen, wie Gott ist.

Nun hat Gott aber Interesse an uns und hat mit uns Kontakt aufgenommen. Er ist in **Jesus Christus** Mensch geworden. Er hat seine Göttlichkeit, seine Persönlichkeit in diesen Menschen **Jesus Christus** gepackt, damit wir ihn kennenlernen können, damit wir ihn verstehen können.

Die Bibel drückt es so aus: *Das Wort wurde Fleisch.*

Was Gott uns mitteilen will, das hat Jesus uns vor gelebt und gesagt. Das ist das Gleiche, als wenn ein Vater seinem Kind etwas erklärt, es dabei aber nicht belässt, sondern es zusätzlich auch noch vormacht.

Wenn ich einer Ameise etwas erklären wollte, dann wäre es am besten, wenn ich auch zu einer Ameise würde. Ich würde nie und nimmer so klein wie eine Ameise werden wollen, aber diesen Schritt hat Gott in Jesus Christus getan.

Ein weiterer Punkt ist, dass Gott genau kennenlernen wollte, wie die Menschen empfinden, wie sie mit Freude und Leid zurechtkommen. Er will an unserem Leben Anteil nehmen, mitempfinden und mitleiden können. Deswegen musste er als Mensch Jesus Christus hier auf der Erde leben, um Freude und Leid eines Menschen zu erleben.

Wir können Ameisen erforschen und beobachten, aber mitfühlen könnten wir nur, wenn wir eine Zeit als Ameise gelebt hätten.

Und deshalb dreht sich um diesen Jesus Christus die ganze Bibel.

Sünde

Nun gibt es ein weiteres Hindernis für uns Menschen, um mit Gott Kontakt zu bekommen, und dieses Hindernis heißt **Sünde**.

Das Wort „Sünde" ist heutzutage ein Begriff, der für, in unseren Augen, mehr oder weniger schlechte Taten steht, wobei sich die Ansichten, was schlecht oder gut ist, von Zeit zu Zeit wandeln. Zum Beispiel wurde früher Fremdgehen als schlimme Sünde angesehen; heute sieht man das schon etwas lockerer; im Vergleich dazu wurden Umweltsünden früher ziemlich locker gesehen; heute dagegen werden sie sehr ernst genommen. Eine Tat wird für uns zur Sünde, wenn wir glauben, dass sie irgendwelche schlechten Auswirkungen auf uns oder auf andere hat; wenn die Tat keinen stört, dann ist sie auch aus menschlicher Sicht keine Sünde.

Ich will einmal versuchen, die biblische Bedeutung von dem Wort Sünde zu erklären. Dazu muss ich ein bisschen ausholen. Zum einen hat Gott in der Bibel absolut und unveränderlich festgelegt was gut und böse ist. Trotzdem ist die Bibel *kein* Gesetzbuch, obwohl einige Gesetze darinstehen.

Zum andern geht es der Bibel hauptsächlich um die Ursachen und Folgen unserer schlechten Taten und nicht darum, genau festzulegen, was man darf und was nicht. Jede Tat und jedes Wort entsteht aus einem Gedanken und ein Gedanke entsteht aus einer persönlichen Einstellung. Manche Taten und Worte entstehen spontan bzw.

unüberlegt, aber sie haben trotzdem eine Ursache in der inneren Einstellung eines Menschen.

Beispiel: Jemand mag aus irgendeinem Grund seinen Nachbarn nicht. Vielleicht wünscht er ihm irgendeine Form von Unglück, oder er will gar nichts mit ihm zu tun haben, oder er freut sich über die Fehler, die der Nachbar macht. Aus diesen Gedanken entstehen dann irgendwann einige Taten, wie zum Beispiel, er macht sich vor anderen über den Nachbarn lustig, er redet schlecht über ihn, usw. Vor Handgreiflichkeiten bewahrt ihn wohl seine Erziehung oder die Angst vor einer Anzeige.

Diese innere Abneigung, die solche Taten hervorbringt, nennt die Bibel SÜNDE, ob sie in unseren Augen berechtigt ist oder nicht.

Es gibt noch andere solche innere Einstellungen, wie Habgier, Rache, Rücksichtslosigkeit, sexuelle Unbeherrschtheit, Herrschsucht, usw., die die Bibel „Sünde" nennt. Jeder Mensch hat sie in verschiedensten Variationen in sich. Bitte durchleuchten Sie sich selbst einmal ehrlich.

Also zusammenfassend: Nicht die schlechten Taten, sondern die innere Haltung, die diese Taten entstehen lässt, ist „Sünde" und diese trennt uns von Gott und verhindert, dass wir Kontakt zu ihm haben können.

Jesus drückt dies in der Bergpredigt folgendermaßen am Beispiel Ehebruch aus (Matth. 5,28):

Ich aber sage euch, dass jeder, der eine Frau ansieht, Ehebruch mit ihr begangen hat in seinem Herzen.

Jesus sagt hier, dass nicht erst die vollzogene Tat der Ehebruch ist, sondern das, was schon in Gedanken stattfindet. Dies gilt für alle anderen Bereiche wie Hass (Mord in Gedanken), Neid (Diebstahl in Gedanken), und vieles mehr auch. Diese Gedankensünden finden bei jedem

Menschen statt; es gibt sicherlich niemanden, der nicht schon 'mal in Gedanken gemordet, die Ehe gebrochen, gestohlen, usw hat. Manche Leute können sich besser beherrschen als andere, die ihre Gedanken auch in Taten umsetzen, aber deswegen sind sie nicht besser als diese anderen.

Die Bibel benutzt dafür den Begriff „unter die Sünde verkauft". Jeder Mensch hängt in der Sünde und sündigt deshalb andauernd. Gott ist nun in einem Konflikt. Einerseits ist er vollkommen gerecht und kann daher keinerlei Gemeinschaft mit einem sündigen Menschen haben, andererseits liebt er jeden Menschen.

Man kann die Lage Gottes hier mit der Situation eines Richters vergleichen, der seinen kriminell gewordenen Freund verurteilen muss, weil dieser eine hohe Geldstrafe nicht bezahlen kann. Wenn der Freund im Gefängnis ist, dann kann der Richter nicht mit ihm zusammen sein, höchstens zu den Besuchszeiten.

Wir Menschen hängen im Gefängnis der Gottlosigkeit und Sünde. Ab und zu haben wir einmal ein Erlebnis, wovon wir den Eindruck haben, da könnte Gott dahinterstecken, manche häufige, manche weniger. Aber ein dauerndes Zusammensein mit Gott, so dass das Leben verändert wird, dass man von Hass, Neid, usw. frei wird, wo Gebete erhört werden, wo man Führung und Hilfe erlebt, so etwas hat kaum ein Mensch.

Wie ist dieses Problem zu lösen? Der Richter könnte mogeln und seinen Freund freisprechen, obwohl er schuldig ist. Dies tut Gott nicht, weil er gerecht ist und niemals lügt. Er könnte die Strafe selbst bezahlen. Genau dies hat Gott gemacht. Die Strafe für unsere Sünden ist in der Hauptsache das Getrenntsein von Gott. Aus diesem Getrenntsein von Gott folgt dann Unfrieden, Rastlosigkeit, Sinnlosigkeit, Gebundenheiten und vieles mehr.

Diese Strafe hat Jesus am Kreuz getragen. Jesus hat niemals gesündigt, weder in Gedanken noch Taten noch Worten. Deswegen hatte er eine ganz enge Gemeinschaft mit Gott, wie ein Kind zu seinem Vater. Am Kreuz wurde Jesus dann schlimmer behandelt, als der mieseste Typ, der je gelebt hat. Er trug am Kreuz die Strafen, die alle Menschen der Welt zusammen verdient haben. Er trug Hitlers Strafe, Stalins Strafe, Khomeinies Strafe, Husseins Strafe, aber auch meine Strafe, ihre Strafe, die Strafe eines jeden Menschen, der irgendwann gelebt hat, noch lebt und leben wird.

Der Freund muss nur noch das Angebot des Richters, seine Strafe zu bezahlen, akzeptieren. Dies können wir tun, indem wir zu Gott beten und dadurch ist es möglich, Gott persönlich kennenzulernen.

Gott persönlich kennenlernen

Wie kann man nun Gott persönlich kennenlernen?

Durch **Jesus Christus**, er ist unser Kontaktmann zu Gott. Wenn Sie Gott kennenlernen wollen, dann beten sie zu Jesus, so in der Art:

„Jesus, wenn es dich wirklich gibt, dann zeig' dich mir irgendwie."

Wichtig ist, daß Sie ehrlich sind und diesen Satz nicht einfach nur ablesen. Beten bedeutet einfach nur, ehrlich mit Gott zu reden und nicht, vorformulierte Gebete immer zu wiederholen. Wenn Sie schon erkannt haben, daß Sie ein Sünder sind, dann können Sie einen Schritt weitergehen und ihre Sünde bekennen:

„Herr Jesus, ich habe erkannt, daß ich ein Sünder bin. Hilf mir und befreie mich. Danke, daß Du mir vergibst. Sei du jetzt mein Herr."

Wichtig ist auch hier, daß Sie ehrlich vor Gott und sich selber sind. Wenn Sie nicht nachvollziehen können, daß Sie ein Sünder sind, aber trotzdem Gott kennenlernen wollen, dann machen Sie sich das erste Gebet zu eigen.

Als ich mich für Jesus entschied, habe ich einfach gebetet:

„Herr Jesus, bitte nimm du mein Leben jetzt in die Hand und sei du der Herr über mein Leben."

Anfangs hatte ich nicht so recht begriffen, daß ich ein Sünder war; das wurde mir mit der Zeit Stück für Stück klar. Meine falschen inneren Haltungen konnte ich dann Stück für Stück bei Jesus abladen. Ich bekam Frieden,

Freude, Liebe für Menschen, die ich sonst nicht mochte, Geduld, u.v.m. Ich erlebte und erlebe wirkliche und echte Veränderung; fertig bin ich natürlich noch nicht.

Ich hatte hier gebetet, daß Jesus der Herr über mein Leben sein soll. Mit dieser Frage werden sie auch konfrontiert werden. Aber es dürfte Ihnen schwerfallen, Jesus Ihr Leben zu übergeben, wenn Sie gar nichts über Jesus wissen.

Beten Sie, bitten Sie Jesus, daß Sie ihn kennenlernen möchten. Er wird es ermöglichen und Sie werden es nicht bereuen.

Und fangen Sie an, in der Bibel zu lesen; dort finden Sie viel über Jesus. Am besten fangen Sie mit dem neuen Testament an, mit einem der Evangelien, das alte Testament ist anfangs noch zu schwer. Es gibt zwar gute Bibellese-Hilfen, aber lesen Sie die Bibel erstmal alleine, jeden Tag ein kleines Stück. Das, was Sie nicht verstehen, das lassen sie erstmal aus und lesen einfach weiter. Beten Sie, daß Jesus ihnen verständlich macht, was Sie da lesen. Es kann sehr schwer sein, vor sich selber einzugestehen, daß man vieles in der Bibel nicht versteht. Aber seien Sie ehrlich, beten Sie, daß Jesus Ihnen hilft, zu verstehen.

Ich möchte mit Ihnen dazu einen Bibeltext betrachten: Johannes 1, 35-42 ;

Am folgenden Tag stand Johannes wieder da und zwei von seinen Jüngern; und hinblickend auf Jesus, der umherging, spricht er: Siehe, das Lamm Gottes! Und es hörten ihn die zwei Jünger reden und folgten Jesus nach. Jesus aber wandte sich um und sah sie nachfolgen und spricht zu ihnen: Was sucht ihr? Sie aber sagten zu ihm: Rabbi - was übersetzt heißt: Lehrer -, wo hältst du dich auf? Er spricht zu ihnen: Kommt, und ihr werdet se-

hen! Sie kamen nun und sahen, wo er sich aufhielt, und blieben jenen Tag bei ihm. Es war um die zehnte Stunde.
Andreas, der Bruder des Simon Petrus, war einer von den Zweien, die es von Johannes gehört hatten und ihm nachgefolgt waren. Dieser findet zuerst seinen eigenen Bruder Simon und spricht zu ihm: Wir haben den Messias gefunden - was übersetzt ist: Christus. Und er führte ihn zu Jesus. Jesus blickte ihn an und sprach: Du bist Simon, der Sohn des Johannes; du wirst Kephas heißen - was übersetzt wird: Stein.

Johannes der Täufer ist durch Israel gezogen, um auf Jesus hinzuweisen. Einige Leute haben ihn dabei begleitet und ihm gedient, aber Johannes wollte das eigentlich nicht und wies sie auf Jesus hin: (hinblickend auf Jesus) *Siehe, das Lamm Gottes.*

Ein Abschnitt weiter vorne im selben Kapitel ist diese Aussage erklärt:

Vers 29; *Siehe das Lamm Gottes, das die Sünde der Welt wegnimmt.*

Jesus hat die Sünden jedes Menschen dieser Welt durch seinen Tod am Kreuz bezahlt, was ist den vorigen Kapiteln schon behandelt wurde. Auf die Worte von Johannes hin laufen zwei von seinen Jüngern Jesus hinterher. Dies ist vergleichbar mit heute, wo viele Menschen auch auf Jesus hingewiesen werden. Manche werden fragend und fangen wie diese zwei hier an, sich für Jesus zu interessieren.

Jesus fragt sie: „*Was sucht ihr?*" Diese Frage kann man vielfältig beantworten; z.B. ich suche Bestätigung für meine Ansichten, meine Lebensphilosophie oder ich suche einen Freifahrtschein in den Himmel, eine kirchliche Trauung, kirchliche Atmosphäre, kirchliche Freizeitgestaltung, ein kirchliches Begräbnis, usw.

Die zwei aus dem Text antworten auf Jesu Frage mit einer Gegenfrage:

„Rabbi - wo hältst du dich auf?" In dieser Gegenfrage steckt vieles drin: Wo wohnst du, wie verbringst du deine Zeit, mit wem bist du zusammen, usw. Letztendlich bedeutet diese Gegenfrage:

„Wer bist du wirklich, Jesus?
Wir möchten dich kennenlernen."

Jesus antwortet ihnen darauf mit einem sehr wichtigen Satz:

„Kommt und ihr werdet sehen!"

Wer sich auf Jesus einlässt, indem er z.B. betet „Jesus, ich möchte dich kennenlernen." oder indem er ehrlich fragend in der Bibel liest, der wird „sehen" und erleben. Die zwei Leute im Text blieben einen Tag bei Jesus und haben da anscheinend Einschneidendes erlebt, denn danach bringen sie sogar ihre Freunde und Verwandte zu Jesus.

Wie ist Jesus?

Nun stellt sich die Frage, wie ist Jesus wirklich. In den Medien werden sehr viele verschiedene Bilder von Jesus vermittelt. Hierbei vermischen sich menschliche Vorstellungen, Überlieferungen und biblische Aussagen.

Ich behaupte, dass die biblischen Aussagen stimmen, weil ich das in meinem persönlichen Leben praktisch erlebe.

Natürlich kann ich hier aus Platzgründen nur einige Punkte herausstellen.

1. Jesus interessiert sich für den Einzelnen ganz persönlich. Er will, dass es Ihnen ganz **persönlich** gutgeht (Dieses Gutgehen muss nicht materiellen Reichtum bedeuten). In Markus 8,22-26; kümmert er sich um einen Blinden, indem er ihn aus der Masse herausnimmt und ihm ganz individuell hilft, nicht nach Schema F. Jesus macht auch keine Unterschiede, nach Herkunft oder Besitz. Er hilft jedem, der zu ihm kommt.

2. Er kann alles verstehen, was in uns vorgeht. In Hebräer 4,14-16; steht, dass Jesus auf Erden unsere Probleme und Sorgen miterlebt und durchlitten hat und uns deswegen vollkommen verstehen und wirklich helfen kann.

3. Jesus verschweigt uns nicht die Wahrheit. Er nennt Sünde beim Namen. Er bezeichnet Ehebruch, Lüge, Verleumdung, usw. als das, was es

ist, als Sünde. Das kann manchmal ganz schön unangenehm sein, ist aber dann doch sehr befreiend, weil man endlich aus Lüge und Selbstbetrug herauskommt. Aber Jesus will nicht die Sünde eines Menschen in die Öffentlichkeit zerren, wie wir Menschen das oft gerne machen, sondern dem Sünder aus seiner Sünde heraushelfen (Lukas 5,31.32). Dazu gehört eben auch, dass Sünde beim Namen genannt und nicht verniedlicht wird.

4. Jesus erniedrigte sich für uns. Er war göttlichen Wesens und wurde Mensch (Philipper 2,6-8;). Wir sind vielleicht bereit, für einen Menschen, den wir lieben, unseren Wohnort zu verlassen, wo wir uns vielleicht wohl fühlen. Jesus verließ den Himmel, ein überaus paradiesischer Ort, und kam zu uns Menschen, weil er uns so liebt und das, obwohl er wusste, dass die meisten Menschen ihn zurückweisen werden. Wer von uns würde jemals einem anderen helfen, wenn er dafür nur Undank, Spott, Hass und Ablehnung erwarten darf? Er tat es.

5. Jesus zwingt niemanden. In unserer Gesellschaft ist das heute so, dass man uns irgendwie immer etwas aufschwatzen will. Das ist in der Werbung so, das ist im religiösen Bereich so. In Johannes 6 redet Jesus so offen, dass viele seiner bisherigen Jünger weggehen. 12 bleiben übrig und Petrus sagt, als Jesus sie fragt, „Wollt ihr auch gehen?", „Herr, wohin sollen wir gehen.? Du hast Worte des ewigen Lebens!" Während die anderen sich in ihren Vorstellungen enttäuscht sahen, hielten sich 11 von diesen

12 an Jesus, wie er wirklich war. Und sie wurden nicht enttäuscht.

Leben mit Jesus - Spaß und Tiefe

Ich möchte nun auf einen Aspekt im Leben mit Jesus eingehen auf **Spaß** und **Tiefe**.

Viele Leute denken, Spaß und Glauben lässt sich nur schwer miteinander vereinbaren. Vielleicht haben sie dabei das Bild von einer gesetzlichen, mittelalterlichen Kirche vor Augen, bei der die Menschen nichts zu „lachen" hatten. Das Volk durfte sich dann zu Karneval austoben und so entstand der Kontrast Glauben und Spaß.

Manche halten die Bibel auch einfach nur für ein Gesetzbuch, an die man sich, wenn man glaubt, halten muss; naja und die Dinge, die Spaß machen, die sind sicher verboten.

Nach dem, was ich bisher gesehen habe, gibt es kaum einen Menschen, der keinen Spaß hat; egal, was er glaubt und wozu er gehört.

Ich hatte, bevor ich mich für Jesus entschied, viel Spaß und habe jetzt immer noch viel Spaß. Sicherlich hat Jesus meinen Humor verändert; ich kann jetzt nicht mehr so richtig über verletzende oder zweideutige Witze lachen. Aber trotzdem lache ich immer noch sehr viel und nicht weniger als früher. Und Tätigkeiten und Hobbys., die mir Spaß machen, habe ich immer noch, wenn auch zum Teil andere als früher.

Der Unterschied zu früher ist nicht der Spaß sondern die Tiefe in meinem Leben.

In der Bibel steht ein Vers (Johannes 10,10;), wo Jesus sagt:

Ich bin gekommen, damit sie Leben haben und es in Überfluss haben.

Der Spaß gehört sicherlich dazu, aber nur deshalb braucht man nicht Jesus anzunehmen, denn die ganze Welt ist voll von Angeboten, um Spaß zu haben. Auf die Tiefe kommt es an. Betrachten Sie bitte folgende Fragen:

- Was ist denn überhaupt Leben?

- Ist Leben gleich Existieren?

- Wozu lebe ich?

- Was ist der Sinn und das Ziel?

Empfinden Sie diese Fragen als unsinnig? Denken Sie bitte einmal darüber für sich selbst nach: Was ist der Sinn in Ihrem Leben?

Partnerschaft, Familie, Arbeit, Hobby, Urlaub, ein bisschen Engagement vielleicht?

Ist das alles in Ihrem Leben? Das sind ohne Zweifel alles gute und notwendige Dinge.

In der Bibel steht, dass Gott jedem Menschen die Ewigkeit ins Herz gelegt hat. Das bedeutet, dass jeder Mensch nach etwas Ewigem, nach etwas, was nach dem Tod noch Bestand hat, sucht. Letzt endlich heißt das, dass jeder Mensch Gott sucht. Ich bin sicher, dass im Herzen eines jeden Menschen ein Loch ist, das nur von Gott gefüllt werden kann; nicht durch Familie, Arbeit, Partnerschaft, Hobbys., Engagement usw.

Bitte überprüfen Sie sich einmal selbst: Fehlt Ihnen noch etwas in Ihrem Leben, etwas, was Ihnen die genannten Dinge nicht geben?

Oder laufen dieser Frage durch Geschäftigkeit und Zerstreuung davon?

Ein weiteren Bibelvers möchte ich dazu mit Ihnen betrachten: Johannes 14,6;

Jesus sagt: Ich bin der Weg, die Wahrheit und das Leben.

Niemand kommt zu Gott als nur durch mich.

Das Loch im Herzen kann gefüllt werden, Sie können Leben mit Tiefe bekommen und erleben. Das habe ich erlebt und es lohnt sich.

Leben mit Jesus - Glückselig

An das Thema Spaß und Tiefe möchte ich mit einem vielleicht Ihnen bekannten Bibeltext aus der Bergpredigt anknüpfen: Matthäus 5,3-6;

Glückselig die Armen im Geist (=geistlich Armen), denn ihrer ist das Reich der Himmel.

Glückselig die Trauernden, denn sie werden getröstet werden.

Glückselig die Sanftmütigen, denn sie werden das Land erben.

Glückselig, die nach der Gerechtigkeit hungern und dürsten, denn sie werden gesättigt werden.

1. *Glückselig die Armen im Geist (=geistlich Armen)*
   Hiermit sind nicht die Geistigbehinderten gemeint und auch nicht normale Leute, die keine Geistlichen, wie Pastoren oder Bischöfe, sind, sondern Menschen, die keine oder fast keine Beziehung zu Jesus haben. Das Himmelreich, der Segen, den Jesus für diese Leute bereithält, bedeutet, eine enge Beziehung zu Gott haben zu können.
   Dies ist einerseits etwas für die Zeit nach dem Tod, wo man dann ewig bei Jesus und Gott ist; andererseits ist es auch ein Segen für das irdische Leben hier: Es bedeutet, Sinn, Ziel, Tiefe für sein Leben zu bekommen, Beziehungen zu Menschen können wieder in Ordnung kommen, man wird frei von Hass und Unversöhnlichkeit, man wird ganz praktische Hilfe von Gott im Alltag erfahren, wie Ge-

betserhörungen, Führung, usw. Darüber hatte ich ja schon einiges in den vorigen Kapiteln geschrieben.

Nun wird dieser Segen niemandem aufgezwungen, sondern nur an den ausgeteilt, der sich selber zu dieser Gruppe der geistlich Armen rechnet.

Es kann also nur der das Himmelreich haben, der irgendwann einsah, dass er im Wesentlichen ohne Jesus lebte.

Nun widerspricht es dem normalen menschlichen Stolz, sich selber zu der Gruppe der geistlich Armen hinzu zu rechnen, aber versuchen Sie es trotzdem, es lohnt sich.

2. *Glückselig die Trauernden*

Wer ist hiermit gemeint? Um diesen Vers zu verstehen, muss man sich sicherlich mit dem Grund der Trauer befassen. Ich glaube nicht, dass mit diesem Vers eine Vertröstung aufs Jenseits gemeint ist, so in dem Sinne: Wenn ich jetzt um meine tote Oma trauere, werde ich irgendwann nach meinem Tod dafür getröstet.

Bibeltexte muss man immer im Zusammenhang beachten und wenn ich diesen Text zusammen mit dem davor betrachte, dann könnte mit dieser Trauer die Trauer über die eigene Sünde gemeint sein: Erst erkenne ich, dass ich geistlich arm bin, also ohne Gott lebe, dann erkenne ich, dass ich nicht gut, sondern voller Sünde und Schlechtigkeit bin und werde traurig darüber. Und dies einzugestehen, das ist ein schwerer Weg, aber ich bin ihn gegangen und er lohnte sich, weil ich so aus meinen Sünden erlöst wurde und Gott kennenlernte.

3. *Glückselig die Sanftmütigen*

Aus den Trauernden werden Sanftmütige. Die Persönlichkeit wird von Jesus verändert, allerdings nicht ausgelöscht, sondern befreit von der Last von Vorurteilen, von Bitterkeit, von Hass gegen Menschen, usw.; Jesus selbst ist das Vorbild für gelebte Sanftmut.

Dies ist natürlich ein Lernprozess, das braucht seine Zeit, aber ohne Jesu Veränderung ist er nicht möglich.

Was bedeutet nun „Land erben"?

Dieser Ausdruck kommt aus dem alten Testament und bezieht sich auf die Verheißung an Israel, wo sie von Gott das Land Kanaan (das heutige Palästina) versprochen bekamen. Dies war ein Land, wo „Milch und Honig floss." Dies ist ein unvollkommenes Bild dafür, was Gott für die in seinem Sinne Sanftmütigen nach deren Tod bereithält.

Das Wort „erben" kommt daher, dass dieses alles erst durch Jesu Sterben am Kreuz möglich geworden ist.

4. *Glückselig, die nach der Gerechtigkeit hungern und dürsten*

Dies ist eine weitere Veränderung, die Jesus dann bewirken wird, auch wieder als Lernprozess.

Diese Gerechtigkeit geht für alle Lebenssituationen. Sie endet nicht bei der eigenen Steuererklärung und auch nicht da, wo sie Nachteile für einen selbst bedeutet. Sie gilt nicht nur für andere sondern besonders für einen selbst. Selbstverständlich gehört auch Aufrichtigkeit dazu, deswegen braucht man dann auch nicht mehr so ein gutes Gedächtnis, weil man sich keine Ausreden oder Notlügen mehr merken muss, bzw. wem man was erzählt hat.

Solche Gerechtigkeit und Aufrichtigkeit kann ich wirklich nicht aus meiner eigener Kraft produzieren, aber ich darf miterleben, wie Jesus mich in die Richtung verändert, dass mir Gerechtigkeit und Aufrichtigkeit sehr wichtig werden („hungern und dürsten"), nicht bei anderen, sondern in meinem eigenen Leben und Handeln.

Fertig wird man hier auf dieser Welt nicht, aber ich darf erleben, wie schön das ist, aufrichtig mit Jesus zu leben, auch wenn ich immer wieder Fehler mache und versage; Jesus nimmt mich immer wieder an.

Die hier beschriebene Veränderung des Menschen möchte ich noch einmal schematisch darstellen:

Armen im Geist (Menschen ohne Gott)

=> Trauernde (Trauer über eigene Sünde)

=> Sanftmütige (befreit von Sünde)

=> nach Gerechtigkeit hungernde (weitergehende Veränderung)

Hierbei muss man sicherlich erwähnen, dass es noch viele weitere Bibeltexte gibt, die diese Veränderung des Menschen durch Jesus behandeln und nur im Zusammenhang mit diesen gibt dieser Text diese Reihenfolge her.

Worauf es mir hier ankommt, ist, dass diese Veränderung eines Menschen wirklich passiert und nicht ausgedacht oder gewaltsam aus der Bibel heraus gelesen wurde.

Jesus ist Wirklichkeit und kann wirklich handeln und verändern. Dies ist die wichtigste Erfahrung, die ein Mensch machen kann.

Ich habe auch schon stückweise diese Veränderung erlebt, bin aber natürlich noch längst nicht fertig.

Es ist wirkliche, tief gehende Veränderung; ich darf erleben, wie mein Egoismus Stück für Stück abgebaut wird, wie ich lerne, mich für andere Menschen zu öffnen und zu interessieren, auch für Schwierige, wie Unsympathische, Penner, Alkoholiker, Knackies, usw. Ich lerne anderen zu vergeben und Dinge nicht mein Leben lang mit mir herum zu tragen und anderen immer wieder vor zu halten. Ich erlebe Trost und Korrektur, wenn ich in der Bibel lese und erfahre auch Hilfe, diese Korrektur umzusetzen. usw. Das ist Veränderung, die kann ich nicht aus mir selbst produzieren, weder mit guten Neujahrsvorsätzen, noch durch Zähne zusammenbeißen.

Wie gesagt, fertig werde ich hier auf dieser Erde nie, aber diese Veränderung im Zusammenhang mit der Gemeinschaft mit Gott zu erleben, bedeutet eine Lebensqualität, die mir sonst nichts auf Erden geben kann, weder Reisen, noch Vergnügen, noch Familie, noch Beruf, noch soziales Engagement, usw. (Diese Dinge sind natürlich nichts Schlechtes und haben auch ihren Platz im Leben, aber sie können Jesus nicht ersetzen.)

Solche Veränderung kann jeder erleben, wenn er sich vorbehaltlos auf Jesus einlässt.

Leid (1)

Im vorigen Kapitel wurde gesagt, dass Gott Wirklichkeit ist, wirklich etwas tut und auch wirklich Menschen verändert .

Aber warum lässt Gott dann soviel Leid auf dieser Erde zu? Diese Frage hat haben sich wahrscheinlich die meisten von uns schon einmal gestellt.

Hierbei muss man direkt nach dem Motiv so einer Frage nachfragen. Ich glaube nämlich, dass manche Menschen diese Frage nur stellen, weil sie denken: „Diese Frage kann sowieso keiner beantworten und deswegen brauche ich mich nicht mit Gott zu beschäftigen."

Solchen Leuten kann man natürlich nichts antworten, aber vielen anderen ist diese Frage ein echtes Anliegen und deswegen möchte ich sie betrachten.

Zu Anfang möchte ich aus der Bibel Jesaja 55,8; angeben:

So viel der Himmel höher ist als die Erde,
so sind meine Wege höher als eure Wege
und meine Gedanken höher als eure Gedanken.

Daher müssen wir uns von dieser Illusion verabschieden, alles verstehen zu können, was Gott hier auf dieser Erde tut und zulässt. Trotzdem gibt die Bibel uns einige Hinweise für unsere Frage. Wir müssen uns als erstes darüber klar werden, dass Gott nicht unbedingt so ist, wie wir ihn uns vorstellen.

Hinter so einer Frage steckt oft das Gottesbild, dass Gott uns zusieht und uns machen lässt, und wenn es brenzlig wird, dann soll er eingreifen. Wenn uns oder anderen dann ein Unglück widerfährt, und Gott greift nicht ein, dann fragen wir enttäuscht und verbittert: „Warum hast du das zugelassen, Gott?"

Es gibt in der Bibel dazu ein Gleichnis, und zwar das Gleichnis vom verlorenen Sohn (Lukas 15,11-32;). Hier geht es darum, dass ein Mann zwei Söhne hat und der Jüngere von beiden es nicht mehr zu Hause aushält. Er lässt sich sein Erbe vorzeitig auszahlen, verlässt seinen Vater, zieht in die weite Welt und lebt sein eigenes Leben. Draußen verprasst er sein ganzes Geld und wird dadurch zum armen Schlucker, der Schweine hüten muss und trotzdem noch hungert.

In diesem Gleichnis entspricht der Vater Gott und der weggelaufene Sohn einerseits der Menschheit andererseits auch jedem einzelnen Menschen. Wir sind als Menschen heute auch „bei den Schweinen", Umweltvergiftung, Kriege, Drogensucht, Kriminalität, Korruption, Untreue, Hass, Streit, Einsamkeit, usw. und wir haben dies alles, weil wir als Menschen von Gott genauso weggelaufen sind, wie der verlorene Sohn von zu Hause.

Nun kommt der verlorene Sohn nicht auf die Idee und sagt:

„Wie kann mein Vater es nur zulassen, dass ich hier im Dreck hänge!"

Das wäre auch absurd, er ist ja freiwillig gegangen. Genauso absurd reden aber viele Menschen; sie leben ohne Gott und klagen trotzdem Gott für ihr Unglück an.

Der verlorene Sohn ging in sich und kehrte zu seinem Vater zurück und genauso kann jeder Mensch zu Gott zurückkehren.

Alle Fragen sind so aber noch lange nicht beantwortet: Was ist mit den Leuten, die wirklich nichts für ihr Unglück können? Es gibt viel Leid, dass einen unverschuldet trifft: Misshandelte Kinder, Unfälle, Zivilbevölkerung im Krieg, usw. Da drängt sich einem diese Frage auf: „Wenn es einen Gott gibt, warum ...?"

In der Bibel findet man zu dieser Frage einige Antworten. Dazu möchte ich noch einmal betonen, dass wir Menschen diese Frage nicht erschöpfend beantworten können, sondern nur einige Punkte anreißen können.

In der Bibel gibt es ein Buch über einen Mann Hiob. Der war sehr reich und hatte eine sehr gesegnete Familie; außerdem war er sehr gottesfürchtig und gut. Innerhalb eines Tages verlor er sein Besitz und seine Familie (Die Kinder kamen um, später bekam er noch Streit mit seine Frau, seine Geschwister fingen an ihn zu meiden). Anfangs akzeptiert er sein Schicksal noch, als er aber auch noch seine Gesundheit verliert und überall Geschwüre bekommt, fängt er an mit Gott zu hadern. Er will wissen, warum Gott dies alles zugelassen hat.

Damals dachten die Leute auch noch, wem Leid widerfährt, der hat irgend etwas verbrochen. Das führte dazu, dass er zu einem verachteten Mann wurde. Seine Freunde, die ihn besuchten, hielten ihn deshalb auch für einen Verbrecher und machten mit ihrem Rat, Hiob solle doch endlich seine Verbrechen bekennen, zusätzlich noch das Leben schwer.

Dabei hat Hiob wirklich nichts getan. Hiob hat das Leid erlebt, was vielen Menschen heute auch zu schaffen macht:

- Tod von Verwandten, hier sogar der eigenen Kinder

- Seine Geschwister meiden ihn

- Eheprobleme

- Verlust seines Eigentums

- Unberechtigte Beschuldigungen durch die Umgebung

- Freunde, die durch ihr Unverständnis noch mehr verletzen

- Krankheit

Hiob fängt an, Gott anzuklagen und machte deutlich, dass er sich ungerecht behandelt fühlt. Gott antwortet darauf, indem er Hiob seine Größe und Allmacht deutlich macht. Hiob erkennt dann (Kapitel 42), dass seine Anklagen unberechtigt waren, weil er gar nicht durchschauen konnte, was Gott durch sein Leiden vorhatte.

Er hat durch sein Leiden Gott besser kennengelernt und kann jetzt sagen: (Hiob 42,5)

Vom Hörensagen hatte ich von dir gehört, jetzt aber hat mein Auge dich gesehen.

Und das ist der Hauptsinn von Leiden, das uns widerfährt: dass wir anfangen nach Gott zu fragen und ihn dadurch kennenlernen.

Und dann wird uns auch das passieren, was Hiob nach seinem Leiden passiert ist:

(Hiob 42, 12) *Und Gott segnete das Ende Hiobs mehr als seinen Anfang.*

Gesegnet bedeutet, wirklich Gutes von Gott zu bekommen und das geht nur, wenn wir ihn kennenlernen.

Nun scheint dieser Gott meistens trotzdem weit weg zu sein und manchem kommen die vorigen Sätze sicherlich wie billiger Trost vor. Wie kann und will Gott uns überhaupt helfen? Wieso sieht man so wenig von seinem Handeln? Gott lässt unsere Not und unser Leid nicht kalt, denn er sandte vor knapp 2000 Jahren Jesus Christus auf unsere Welt. Dieser Jesus lebte ca. 30 Jahre ganz normal; er machte eine Ausbildung als Zimmermann und führte ein alltägliches Leben. Dann fing er an umher zu ziehen, zu predigen, zu helfen und zu heilen.

Einige Menschen schlossen sich ihm an. Er hat dabei vieles erlebt: Flucht, Mordanschläge, Ablehnung, Verspottung, Armut, Einsamkeit, Hunger, Unverständnis von seinen Eltern und Geschwistern, usw.

Dann wurde er von einem engen Freund verraten, dann verspottet und ausgepeitscht und zu guter Letzt wurde er auf unsagbar grausame Art an einem Holzkreuz zu Tode gefoltert.

Die Bibel sagt, dass Gott aus drei Personen besteht, die in völliger Einigkeit zueinander stehen: Gottvater, Jesus, Heiliger Geist.

Dies ist ein Geheimnis, dass für uns Menschen schwer zu verstehen ist. Es bedeutet aber praktisch, dass in Jesus Gott selber zu uns gekommen ist und unseren Alltag, aber auch unsere Nöte und Leiden gut kennengelernt hat. Das heißt, dass er uns vollkommen verstehen kann und völlig nachvollziehen kann, was in uns vorgeht und worunter wir leiden.

Jetzt muss ich aber zwischen Menschen unterscheiden, die Jesus gehören und die Jesus nicht gehören. Menschen, die Jesus nicht gehören, sind dem Leid schutzlos ausgeliefert; sie finden keine Hilfe und Trost von Gott, weil sie Gott nicht kennen.

Menschen, die Jesus gehören, erleben auch Leid und Not; sie erleben aber auch, dass Gott sie durch trägt, dass sie nicht an dem Leid kaputtgehen, wie das bei normalen Menschen manchmal passiert. Gott gibt ihnen Kraft und Hilfe, Leid durchzustehen.

Nun stellt sich schon die Frage, ob das nicht alles Einbildung ist? Man braucht ja was, woran man sich festhalten kann und einige haben halt Jesus. Ich denke, dass gerade in Not und Leid sich zeigt, ob das, was man glaubt, Bestand hat. Viele leben mit einer selbst gemachten Gottesvorstellung, die sie dann irgendwann über Bord werfen, wenn sie wirkliches Leid miterleben. Wir kennen alle solche Aussagen wie: „Ich habe soviel miterlebt, ich kann nicht mehr glauben."

Leute, die Jesus gehören, erleben in so einem Leid im besonderen Maße Gottes Liebe, Hilfe, Treue, Trost und Kraft. Aber nur der Gott der Bibel kann dies geben, kein selbst gemachter Gott und den kann man nur durch die Bibel kennenlernen.

Licht

Viele Menschen haben ja schon bezeugt, was Gott in ihrem Leben bewirkt hat und ich möchte dazu einen Bibelvers betrachten. Jesus Christus sagt in Lukas 8,16-18:

Niemand aber, der eine Lampe angezündet hat, bedeckt sie mit einem Gefäß oder stellt sie unter ein Bett, sondern er stellt sie auf ein Lampengestell, damit die Hereinkommenden das Licht sehen.

Denn es ist nichts verborgen, was nicht offenbar werden wird, noch geheim, was nicht kundwerden und ans Licht kommen soll.

Seht nun zu, wie ihr hört; denn wer hat, dem wird gegeben werden, und wer nicht hat, von dem wird selbst, was er zu haben meint, genommen werden.

Viele Menschen - und ich reihe mich da mit ein - haben erlebt, wie Jesus in ihr Leben gekommen ist und es verändert hat. Die Bibel bezeichnet Jesus an einer anderen Stelle als das wahrhaftige Licht, das durch Menschen strahlt, die Jesus ihr Leben gegeben haben. Dieses Licht ist mit einem in der Finsternis erleuchteten Haus vergleichbar: Es bietet ein Ziel, das ich in der Dunkelheit sehen und erreichen kann. Gleichzeitig erhellt es etwas meinen Weg, so dass ich nicht vom Weg abkomme. Ein Mensch mit solchem Licht wird durch sein Leben auf Jesus als Ziel und Wegbegleiter hinweisen, oft unvollkommen, aber erkennbar.

Der Bibeltext sagt aber auch, dass alles, was in einem Menschen drin ist, offenbar werden wird, nicht nur das vielleicht vorhandene Licht, sondern auch anderes, wie verborgene Ängste, Schuld, schlechte Erinnerungen, unbewältigte Dinge, usw. Das passiert spätestens nach unserem Tod vor dem Endgericht, wenn wir vor Gott über unser Leben Rechenschaft ablegen müssen; dann wird **alles** Geheime offenbar werden. Es passiert aber auch schon sehr oft vor unserem Tod; dann kommen verdrängte Sachen ans Tageslicht, andere Menschen entdecken durch Zufall, was wir immer verheimlichen wollen, usw. Das können kleine und große Dinge sein.

Wenn wir dagegen Jesus unser Leben geben, dann werden die verdrängten und verborgenen Sachen auch ans Licht kommen, aber er hilft uns dann, sie zu bewältigen und in Ordnung zu bringen. Dann können wir mit einem guten Gewissen leben, ohne Angst haben zu müssen, dass andere Menschen etwas Falsches entdecken.

Zum Schluss fordert Jesus zu einer Entscheidung auf: Wer auf Jesu Worte hört, in dessen Leben wird er kommen und Licht geben. Er wird ein sinnvolles und erfülltes Leben geben und reichlich segnen.

Diejenigen, die nicht auf seine Worte hören, haben nicht das Licht und haben damit laut Jesu nur das, „was sie zu haben meinen".

Das sind Illusionen, selbst gemachte Gottesvorstellungen, Dinge, die irgendwann fortgeworfen werden. Auch die Vorstellung, dass ein gewisser Wohlstand Glück bringt, ist so eine Illusion.

Gerechte - Gottlose

Eine weitere Bibelstelle zum dem Thema „Licht" aus dem vorigen Kapitel ist

Sprüche 4, 18.19;

Aber der Pfad der Gerechten ist wie das glänzende Morgenlicht, heller und heller erstrahlt es bis zur Tageshöhe.

Der Weg des Gottlosen ist wie das Dunkel; sie erkennen nicht, worüber sie stürzen.

Der Gerechte kann seinen Lebensweg erkennen, er weiß, wohin er geht. Auch vor anderen braucht er sein Leben nicht zu verstecken.

Der Gottlose weiß nicht so recht, wohin es mit ihm geht, und auch von anderen muss vieles im Dunkeln bleiben. Doch wer ist nun ein Gottloser und wer ein Gerechter ?

Ist „Gottloser" ein anderes Wort für z.B. „Atheist" oder „Gerechter" ein anderes Wort für z.B. „Unbestechlicher" ?

Die Bibel beschreibt in Hiob 21, 14-16; Gottlose folgendermaßen:

Und doch sagen sie zu Gott: Weiche von uns! Und an der Erkenntnis deiner Wege haben wir kein Gefallen. Was ist der Allmächtige, dass wir ihm dienen sollten, und was hilft es uns, dass wir [mit Bitten] ich ihn dringen ? Siehe, steht nicht ihr Glück in ihrer Hand ?

Gottlose sind also nicht unbedingt Atheisten, sondern sie können sehr wohl an Gott glauben, aber er soll sich aus ihrem Leben heraus halten. Sie wollen nicht wissen, was Gott mit ihnen vorhat und für sie bereithält, sie wollen ihm nicht dienen und sie wollen auch nichts von ihm haben. Sie schaffen sich ihr Glück selber, ohne Gott, und sie haben, von außen betrachtet, oft auch Erfolg: Familie, Wohlstand, Haus, Anerkennung, soziales Engagement, usw.

Warum heißt es dann, „der Weg des Gottlosen ist wie das Dunkel"? Der Gottlose weiß nicht, wohin er geht und wie er enden wird. Er weiß nicht, wofür er lebt. Er hat weder Sinn noch Ziel. Nun meinen viele, das wäre nicht so schlimm, man könnte auch so gut leben. Ich glaube, da macht man sich etwas vor. In unseren heutigen Zeit wird oft durch viel Geschäftigkeit wie Beruf, Hobbys, Haus, Garten, Familie, usw. das Nachdenken über dies Fragen verdrängt. Aber Gott hat uns dazu geschaffen, mit ihm zusammen zu sein, und wenn man dann doch einmal Zeit hat, nachzudenken, dann merken viele, dass ihnen etwas fehlt. Man probiert dann alles mögliche aus, um diese Lücke zu füllen, aber nur Gott kann sie wirklich füllen.

Ein Gerechter ist ein gerecht gemachter Gottloser: Römer 4,5;

Dem dagegen, der ... an den glaubt, der den Gottlosen rechtfertigt, wird sein Glaube zur Gerechtigkeit gerechnet

Ihm wird seine Schuld vergeben und er erhält Frieden: Römer 5,1;

Da wir nun gerechtfertigt sind aus Glauben, so haben wir Frieden mit Gott durch unseren Herrn Jesus Christus.

Ein Gerechter ist das Gegenteil eines Gottlosen; er will Gott in sein Leben hinein haben, er will wissen, was Gott mit ihm vorhat und bereit hält, er will ihm dienen und ihn bitten. Sein Glück liegt nicht mehr in seiner Hand sondern in Gottes Hand und deswegen kann er auch noch in Not oder Armut oder bei Verlust von ihm sehr wichtigen Menschen Frieden haben und glücklich sein.

Er weiß, wohin er geht und wofür er lebt.

Irdische und himmlische Schätze

Ein zum vorigen Kapitel verwandtes Thema ist „irdische Schätze" und „himmlische Schätze".

Dazu einen Abschnitt aus der Bibel: (Prediger 5,12-15;)

Es gibt ein schlimmes Übel, das ich unter der Sonne gesehen habe:

Reichtum, der von seinem Besitzer zu seinem Unglück aufbewahrt wird. Und geht solcher Reichtum durch ein unglückliches Ereignis verloren und hat er einen Sohn gezeugt, so ist gar nichts in dessen Hand. Wie er aus dem Leib seiner Mutter hervorgekommen ist, nackt wird er wieder hingehen, wie er gekommen ist, und für seine Mühe wird er nicht das Geringste davontragen, das er in seiner Hand mitnehmen könnte. Und auch dies ist ein schlimmes Übel:

Ganz wie er gekommen ist, wird er hingehen. Und was für einen Gewinn hat er davon, dass er für den Wind sich müht?

Der Autor dieses Bibelbuches „Prediger" ist König Salomo, der selber sehr reich war. Er spricht hier von Reichtum, „der zum Unglück aufbewahrt wird".

Dazu muss man zuerst feststellen, dass den meisten Menschen Reichtum nicht in den Schoß fällt, sondern sie müssen sich dafür „abmühen". Salomo spricht hier zum Thema Reichtum 3 Punkte an:

1. Reichtum für die eigenen Kinder

Viele Eltern versuchen für ihre Kinder finanziell vorzusorgen.

Und das ist natürlich richtig, aber, egal wieviel es ist, es ist sehr unsicher. Durch ein Unglück kann die Vorsorge verloren gehen und den Kindern bleibt nichts. Durch das „Abmühen" für den Reichtum kommen die Kinder zeitlich auch manchmal zu kurz.

2. Reichtum für einen selbst

   Man hat durch das Geld, was man verdient, eine gewisse Sicherheit und Glück, aber dieses ist unsicher, weil durch ein Unglück das Geld verloren gehen kann.

   Nun liegt für die meisten Menschen das Lebensglück nicht alleine im Geldverdienen und ich möchte noch weitere „irdische Schätze" dazu aufzählen, die ein Mensch erlangen oder haben kann: Beziehungen (z.B. Ehe, Familie), Engagement, Hobbys, Talente, usw.

   Auch diese Dinge haben gemeinsam, dass sie unsicher sind, und durch Unglück oder Krankheit verloren gehen können; was bleibt dann?

   Nicht wenige Menschen z.B. standen und stehen vor dem Nichts, nach dem ihre Partner sie verließen oder starben.

3. Die Mühe zum Reichtum

   Salomo bezeichnet das Streben nach Reichtum als „Mühen für den Wind". Man arbeitet für diese „irdischen Schätze" oft sehr hart und es bleibt oft nichts übrig und auf dem Sterbebett ist sowieso alles futsch.

Wie sieht die Alternative aus? Ohne Mühe geht es sicherlich nicht.

Matthäus 6,19-20;

Sammelt euch nicht Schätze auf der Erde, wo Motte und Rost zerstören und wo Diebe durchgraben und stehlen; sammelt euch aber Schätze im Himmel, wo weder Motte noch Rost zerstören und wo Diebe nicht durchgraben noch stehlen;

Was sind nun diese himmlischen Schätze?

Zu allererst ist Jesus Christus ein Schatz, den man im Himmel haben kann. Warum Jesus ein Schatz ist, kann man sich klarmachen, wenn man ihn mit einem irdischen Freund vergleicht.

Ein Freund ist immer da, wenn man ihn braucht, er hilft, wo er kann, er enttäuscht einen nicht, man kann Spaß mit ihm zusammen haben, er sagt einem auch schon einmal unangenehme Wahrheiten, die man nicht unbedingt hören will, die man dann aber doch annimmt, wenn sie von einem wirklich guten Freund kommen, usw.

Diese Beschreibung trifft in noch weit höherem Maße auf Jesus Christus zu, weil er nicht irdisch-menschlich begrenzt ist.

Irdische Freunde kommen irgendwann an einen Punkt, wo sie einem nicht mehr helfen können, Jesus Christus kommt nie an diesen Punkt.

Irdische Freunde können einen kräftig enttäuschen, weil sie nur Menschen sind, Jesus enttäuscht nie (Man darf ihn natürlich nicht als Wunscherfüllungsautomaten betrachten, da macht Jesus nicht mit, das wäre auch keine Freundschaft.).

Jesus sagt uns manchmal auch unangenehme Wahrheiten, weil er uns liebt und uns weiterhelfen will, irdische Freunde trauen sich das manchmal nicht. Und zu guter

Letzt bleibt Jesus auch bei uns, wenn wir sterben und alle irdischen Freunde uns verlassen müssen. In der Bibel steht auch, dass man für gute Taten und Gaben im Himmel Lohn empfängt. Dies geht aber nicht so einfach.

Man kann den Lohn im Himmel mit einem Bankkonto vergleichen, auf das für jede gute Tat oder Spende Guthaben überwiesen wird. Damit man aber etwas davon hat, muss man erst so ein Konto eröffnen. In einer normalen Bank muss man das ja auch, sonst kann man nichts dahin überweisen. Um ein himmlisches Konto zu eröffnen, muss man eine besondere Bedingung erfüllen und die ist, Jesus Christus sein Leben zu geben und ihn als persönlichen Herrn und Heiland zu akzeptieren. Wenn man dies nicht tut, nützen einem alle guten Taten und Spenden nichts, da sie nicht auf dem himmlischen Konto ankommen können.

Zusammenfassend ist zu sagen, dass die persönliche Entscheidung für Jesus der einzige Weg ist, um an „himmlische" Schätze zu kommen, Schätze, die in der Beziehung und Freundschaft zu Jesus hier auf Erden schon deutlich werden können, und auch Schätze, die nach dem Tod noch vorhanden sind, Lohn im Himmel.

Leid (2)

An die himmlischen Schätze kommt man nur, wenn man Jesus sein Leben gibt.

Über diesen Jesus Christus wird ja immer wieder viel geschrieben, wie z.B. „Verschlusssache Jesus", „Jesus, der erste neue Mann", usw. Auch Illustrierte wie Stern oder Spiegel schreiben öfters über ihn.

Wer war dieser Jesus? Ein häufig ausgesprochener Satz ist: „Jesus war ein Mensch wie wir." Darauf könnte man mit der Gegenfrage antworten: „Bist du wie Jesus?" Da würden die meisten doch einen Rückzieher machen. Den meisten Menschen ist schon klar, dass er irgendwie anders als ein normaler Mensch war.

Die Bibel sagt viele Dinge über ihn: dass er nie etwas Schlechtes getan oder gesagt hat, dass er Gottes Sohn war, dass er Gottes letztes Wort an uns war, dass er durch Gottes Kraft Wunder getan, Kranke geheilt hat, usw. Gerade mit den letzten beiden Aussagen haben viele Schwierigkeiten.

Ich habe dazu in einem Spiegelinterview mit Eugen Drewermann einen interessanten Satz von ihm gefunden: (Spiegel 52/1991 S.68)

> „Die Auffassung, Gott könne die Naturgesetze für die Zeit und die Person Jesu außer Kraft gesetzt und Wunder bewirkt haben, halte ich für falsch und gefährlich. Sie hilft nicht, den christlichen Glauben zu begründen, sondern führt zum Atheismus.

Denn was wäre das für ein Gott, der zwar in seinem Sohn Jesus seine Allmacht demonstriert, ansonsten aber angesichts eines Meeres von Menschenleid untätig bleibt? Das wäre ein Gott ohne Menschlichkeit."

Wie viele von Ihnen können diesen Satz unterschreiben? Spricht das nicht vielen -auch denen, welche nichts von Drewermann halten oder ihn gar nicht kennen- aus der Seele: „Wo ist Gott heute, in dem Leid?"? Drewermann vergleicht hier die Wunder und Heilungen Jesu mit dem Leid heute und folgert daraus: Wenn Gott heute das Leid auf der Welt nicht beseitigt, dann hat er auch damals keine Wunder getan.

Ich möchte versuchen nachzuweisen, dass Drewermann sich hier irrt.

Dazu möchte ich Sie einladen, sich die Wunder Jesu in der Bibel zu betrachten. Sie werden dann feststellen, dass Jesus die meisten Wunder im kleineren Kreis gewirkt hat und nur wenige im größeren (wie z.B. die Brotvermehrung). Wenn die Jünger nicht darüber berichtet hätten, dann würden wir heute nur von ganz wenigen Wundern wissen. Genauso laufen heute viele Wunder Jesu im Verborgenen ab, die nicht für die Öffentlichkeit bestimmt sind. Das sind nur sehr selten übernatürliche Wunder (solche Wunder treten in der Bibel nur zu besonderen Zeiten gehäuft auf), aber es sind Wunder, dass Menschen aus Bindungen befreit werden, dass Menschen Vergebung ihrer Sünden bekommen, dass Gott wirklich Gebete erhört, dass er durch die Bibel zu einem spricht, usw. Solche Wunder werden Sie vielleicht nicht beeindrucken, aber sie haben gewaltige Auswirkungen auf die Beziehung zu den Mitmenschen und auf die eigene Lebensqualität.

Dieses sind aber Wunder, die nicht immer jeder mitkriegt, weil sie oft sehr persönlich sind, aber trotzdem finden sie statt. Drewermann hat solche Wunder anscheinend nicht erlebt, sonst würde er nicht sagen, dass Gott heute untätig ist. Jesus hat schon damals nicht das gesamte Leid der Menschen beseitigt, und genauso wenig tut er es heute, aber er hilft jedem einzelnen, der sich persönlich an ihn wendet, damals wie heute.

Trotzdem bleibt die Frage stehen:„Warum lässt Gott das Leid auf dieser Erde zu?"

Dazu möchte ich eine Bibelstelle zitieren: 5. Mose 11, 26-28;

Siehe, ich lege euch heute Segen und Fluch vor: Den Segen, wenn ihr den Geboten des HERRN, eures Gottes, gehorcht, die ich euch heute gebiete, und den Fluch, wenn ihr den Geboten des HERRN, eures Gottes, nicht gehorcht und von dem Weg, den ich euch heute gebiete, abweicht, um andern Göttern nachzulaufen, die ihr nicht kennt.

Gott hat dem Volk Israel damals eine lange Liste von Geboten vorgelegt und man könnte diese Bibelstelle als Abschluss dieser Liste auffassen. Was haben diese Gebote nun mit uns heute zu tun?

Man kann diese Gebote in symbolische und moralische Gebote einteilen; die symbolischen sind alle israelspezifischen (für das damalige Israel!) wie z.B. die Opfergesetze, Reinigungsgesetze und sonstige rituelle Gesetze; die moralischen Gesetze sind die übrigen, die auch Jesus und das übrige neue Testament für die Zeit nach seiner Auferstehung bis heute als verbindlich erklärt.

Nun sagen natürlich die meisten: „Es interessiert mich herzlich wenig, was in der Bibel steht; folglich interessieren mich auch nicht die Gebote, die die Bibel als Gottes Gebote bezeichnet."

Jetzt kommt die Sache mit dem Fluch ins Spiel.

Die Welt scheint unter einem Fluch zu stehen: In den meisten Ländern scheinen immer die falschen Leute an der Macht zu sein, dazu Umweltzerstörung, Hungersnöte, Kriege, usw. Und es wird ja nicht besser sondern eher schlimmer.

Jeder kleiner Fortschritt wird von vielen großen Rückschritten überschattet. Auch in Deutschland hatten wir nur deshalb ein Wirtschaftswunder, weil durch den Krieg erst alles zerstört war und dann neu aufgebaut werden musste. Jetzt haben wir seid über 15 Jahren Arbeitslosigkeit und wachsende Armut, obwohl wir, wirtschaftlich gesehen, in einem der reichsten Länder der Erde leben. Ich denke, jeder, der ab und zu Zeitung liest, kann zu den genannten Beispielen von wachsender Not auf der Welt beliebig viel hinzufügen.

Nun möchte ich die Frage „Warum lässt Gott das Leid auf dieser Welt zu?" umkehren in **„Inwiefern hat der Mensch durch das Brechen von Gottes Geboten sich selbst das Leid hinzugefügt?"**

Ich möchte noch mal wiederholen: Vereinzelt gibt es Fortschritte, wo Not gelindert oder bewältigt werden kann, aber, global gesehen, nimmt die Not zu. Und natürlich ist es sinnvoll, dass durch Projekte und Gelder versucht wird, die Not zu lindern.

Dazu möchte ich aber einen Schritt weitergehen und behaupten, dass ein Halten von Gottes Geboten viel größere Fortschritte bringen würde; das wird in dieser Bibelstelle als Gottes Segen bezeichnet.

10 Gebote

Jeder stellt sich unter Gottes Geboten etwas anderes vor und deswegen möchte ich Ihnen die Gebote vorstellen, die in der Bibel als Gottes Gebote bezeichnet werden.

Die bekanntesten Gebote der Bibel sind sicherlich die zehn Gebote. Viele haben sie im Konfirmandenunterricht oder Kommunionsunterricht schon kennengelernt, in manchen Monumentalfilmen tauchen sie auf (wie z.B. „Die zehn Gebote"), usw. Sogar unsere Verfassung orientiert sich teilweise an den zehn Geboten.

Ich möchte die zehn Gebote in zusammengefasster Form einmal vorstellen (5. Mose 5,6-21):

1. Ich bin der HERR dein Gott, der dich aus dem Sklavenhaus herausgeführt hat; du sollst keine anderen Götter neben mir haben!

2. Du sollst dir kein Götterbild machen.

3. Du sollst den Namen des HERRN, deines Gottes, nicht zu Nichtigem aussprechen, denn der HERR wird den nicht ungestraft lassen, der so etwas tut!

4. Beachte den Sabbattag, um ihn heilig zu halten, so wie der HERR, dein Gott, es dir geboten hat!

5. Ehre deinen Vater und deine Mutter, wie der HERR, dein Gott, es Dir geboten hat, damit deine Tage lange währen und damit es dir gut geht!

6. Du sollst nicht töten!

7. Du sollst nicht ehebrechen!

8. Du sollst nicht stehlen!

9. Du sollst kein falsches Zeugnis gegen deinen Nächsten ablegen!

10. Du sollst nicht die Frau deines Nächsten begehren! Du sollst nicht den Besitz deines Nächsten begehren!

(In 2. Mose 20,1-17; oder 5. Mose 5,6-21; können Sie die zehn Gebote im Original nachlesen.)

Außer dem 3. Gebot, dem Sabbat-Gebot, werden alle diese Gebote im neuen Testament von Jesus und den Aposteln als verbindlich bekräftigt.

Wer hält alle diese Gebote? Warum soll man sie halten?

Interessant ist, dass im hebräischen Originaltext das Wort „sollst" gar nicht steht; da steht überhaupt kein Verb. Es heißt zum Beispiel „Du nicht töten!" oder „Du nicht stehlen!". Diese hebräische Konstruktion kann man natürlich nicht einfach so ins Deutsche übertragen, aber man kann außer „sollst" auch „wirst" einfügen: „Du wirst nicht töten!", „Du wirst nicht ehebrechen!", usw. Auf den ersten Blick erscheint „sollst" viel sinnvoller, denn es sind ja Gebote.

Die zehn Gebote wurden nach Israels Auszug aus Ägypten gegeben. Dort lebten sie in Sklaverei. Gott erinnert am Anfang der zehn Gebote noch einmal daran. Wenn nun jemand Befreiung durch Gott aus Sklaverei erlebt hat, dann ist so einer besonders offen für Gottes Gebote. Und wenn er dann noch kontinuierlich Gottes Hilfe erlebt, dann „wird" er immer mehr bereit sein, Gottes

Gebote zu halten. Von daher hat auch die Übersetzung „wirst" ihre Berechtigung. Leider leben die meisten Menschen heutzutage immer noch in verschiedenen Formen der Sklaverei.

Ich möchte Ihnen nun das erste Gebot vorstellen:

1. + 2. Gebot

5. Mose 5,6-8a;
Ich bin der HERR, dein Gott, der ich dich aus dem Land Ägypten, aus dem Sklavenhaus herausgeführt habe. Du sollst keine anderen Götter haben neben mir. Du sollst dir kein Götterbild machen

Das erste Gebot zeigt, worauf der Gott der Bibel bei seinen Geboten am meisten Wert legt: Er möchte exklusiv für jeden einzelnen Menschen „Gott sein". Um zu erklären, was das bedeutet, möchte ich das Verhältnis von Gott zum damaligen Volk Israel als Beispiel nehmen.

1. Gott wollte, dass Israel sich von ihm abhängig macht und sich auf ihn verlässt, dann sollte es Israel gut gehen und so war es dann auch, wie man in der Bibel nachlesen kann.

   Wenn Israel andere Götter um Hilfe bat, ging es mit ihnen bergab; sie verloren ihre Freiheit, ihren Besitz, usw.

2. Gott wollte damals Gemeinschaft mit jedem einzelnen Israeliten haben. Das wurde damals durch verschiedene Zeremonien ausgedrückt. Aber oft gingen die Israelis in Tempel anderer Götter und vergaßen ihren Gott.

Der Gott der Bibel möchte auch für uns heute der Garant unseres Glücks sein. Im neuen Testament drückt Jesus Christus das so aus (Johannes 10,10): *Ich bin gekommen, damit sie Leben haben und es in Überfluss haben.*

Ich denke schon, dass jeder ungefähr versteht, was hier gemeint ist, schließlich wollen wir doch alle „was vom Leben haben." Was steht diesem Leben im Überfluss nun im Weg? Das Haupthindernis ist, dass wir es nicht bei Gott suchen, sondern woanders. Wir suchen es im Besitz („Wenn ich das habe, dann bin ich glücklich."), in Partnerschaft („Ohne dich kann ich nicht leben!"), in Familie („Trautes Heim, Glück allein!"), in Erlebnissen ("Geheiligter Samstag-Abend, an dem man etwas unternehmen muss"), usw.

Diese Dinge sind natürlich nichts Schlechtes, aber darin allein werden wir Leben im Überfluss nicht finden.

Andere versuchen ihr Glück durch Wahrsagerei, Astrologie, okkulte Praktiken, usw. zu sichern. Diese Dinge versprechen Glück und Sicherheit und bringen Verderben. Die Bibel warnt da sehr vor.

Wie kommt man nun an das Leben in Überfluss?

Hierzu verhilft keine Kirche, Sekte oder sonstige Gruppe, kein Guru, kein bestimmtes Ritual oder ähnliches, sondern allein Gott kann es schenken, wenn wir zulassen, dass er unser Gott wird. Wenn Sie zu Jesus Christus beten, ihm Ihr Herz ausschütten und ihn um Leben im Überfluss bitten, dann wird etwas passieren, Stück für Stück. In der Bibel können Sie darüber erfahren.

Aber die innere Haltung ist wichtig: Nur wer wie ein Bettler zu Jesus kommt, wird etwas bekommen; wer glaubt, etwas fordern zu können, geht leer aus.

3. Gebot

5. Mose 5,11; *Du sollst den Namen des HERRN, deines Gottes, nicht zu Nichtigem aussprechen. Denn der HERR wird den nicht ungestraft lassen, der seinen Namen zu Nichtigem ausspricht.*

Das hebräische Wort für „Nichtigem" kann man auch mit „Falschem" oder „Lügenhaftem" übersetzen; deswegen übersetzten Luther und andere Bibelübersetzer diesen Satz mit:

Du sollst den Namen des HERRN, deines Gottes, nicht missbrauchen.

Das erste, was an diesem Satz auffällt, ist, dass Gott einen Namen haben soll. Ein Name bedeutet, dass er Person ist und dass man ihn mit seinem Namen ansprechen kann. Da werden sicherlich viele widersprechen; bitte probieren Sie es aus.

Ich möchte jetzt die Namen Gottes vorstellen.

Im alten Testament stellte Gott sich mit „YHWH" vor, was wahrscheinlich als „Jahweh" ausgesprochen wird (Jehova ist mit Sicherheit falsch!). Jahweh bedeutet: *„Ich bin, der ich bin."* oder *„Ich werde sein, der ich sein werde."* Der Name drückt einerseits die Unveränderlichkeit Gottes aus; außerdem bedeutet das „sein" nicht nur ein passives Da-sein, sondern ein aktives, handelndes Dabei-sein. Die Israeliten haben Gott zur Zeit des alten Testamentes mit seinem Namen angesprochen und haben einen handelnden, aktiven Gott erlebt.

Durch Jesus Christus hat Gott uns zwei andere Namen für sich geoffenbart:

„Jesus Christus" und *„Vater"*.

Jesus Christus ist der Mittler zu Gott und er wird antworten, wenn wir aufrichtig zu ihm beten. Wer an Jesus Christus als Retter glaubt und sein Tod am Kreuz als Bezahlung für seine eigene Schuld in Anspruch nimmt, der hat das unvergleichliche Privileg, zu Gott, dem allmächtigen Schöpfer des Himmels und der Erde, „*Vater*" sagen zu dürfen und Gott wird hören und handeln.

Wie ist das nun mit dem Mißbrauch?

Der Missbrauch fängt im Alltag da an, wo man die Namen Gottes oder auch das Wort „Gott" für Flüche oder belanglose Dinge verwendet; wie „Gott verdamm' mich!", „Oh, Gott!", „Ach du lieber Vater!", „Jesus Maria!", „Bin ich Jesus?", „Mein Gott noch mal!", usw. Wahrscheinlich wird nahezu jeder von Ihnen solche Ausrufe ab und zu verwenden. (Denken Sie einmal daran, wie es wäre, wenn jemand Ihren Namen in solchen Ausrufen verwenden würde.)

Ein schwerwiegenderer Missbrauch ist, wenn man die Namen Gottes eigenmächtig für seine persönlichen, politischen oder religiösen Ziele einsetzt, ohne dass sie in Gottes Sinne gibt. Als Maßstab kann hier nur die Bibel dienen, denn wer will das sonst entscheiden?

Gott selbst nimmt den Gebrauch seines Namens sehr ernst:

Denn der HERR wird den nicht ungestraft lassen, der seinen Namen zu Nichtigem ausspricht.

4. Gebot

5. Mose 5,12-15;

Beachte den Sabbattag, um ihn heilig zu halten, so wie der HERR, dein Gott, es dir geboten hat! Sechs Tage sollst du arbeiten und all deine Arbeit tun; aber der siebte Tag ist Sabbat für den HERRN, deinen Gott. Du sollst an ihm keinerlei Arbeit tun, ... Und denke daran, dass du Sklave warst im Land Ägypten und dass der HERR, dein Gott, dich mit starker Hand und mit ausgestrecktem Arm von dort herausgeführt hat! Darum hat der HERR, dein Gott, dir geboten, den Sabbattag zu feiern.

Das Wort Sabbat kommt von dem hebräischen Verb „Schabat", welches so viel wie „aufhören von etwas, ruhen" bedeutet. Der Sabbattag war ein Tag der Ruhe, wo nicht gearbeitet werden durfte. Alle notwendigen Arbeiten, wie Kochen usw., sollten einen Tag vorher vorbereitet werden. Natürlich gab es auch Ausnahmen für absolut notwendige Arbeiten.

Der Sinn dieses Tages war, dass die Israelis einen Tag in der Woche zum Ausruhen haben sollten, zur Besinnung und Gemeinschaft mit Gott und zum Feiern. Als Israel noch in der Sklaverei in Ägypten war, hatten sie so einen Tag nicht; da gab es nur die 7-Tage-Arbeitswoche, eine nicht endende Tretmühle ohne Pause. An diesem Ruhetag trafen sich die Israelis auch in den Synagogen, um hier mit Gott zusammen zu sein.

Dieses Sabbatgebot ist das einzige Gebot der 10 Gebote, dass von Jesus nicht bekräftigt wird und vom neuen Testament als Besonderheit für das damalige Volk Israel bezeichnet wird. Die ersten Christen trafen sich auch nicht am Sabbat, welches der Samstag ist, sondern am Auferstehungstag, am Sonntag, zur Gottesdienstfeier. Daraus hat sich der freie Sonntag entwickelt.

Was kann man nun aus dem alttestamentlichen Sabbatgebot für unser Wochenende heute lernen?

Als erstes ist da die eigentliche Wortbedeutung von „Sabbat" „ruhen, aufhören von etwas". Die meisten wissen sicherlich, wie erholsam es ist, wenn man am Wochenende die Arbeit hinter sich lässt und für das Wochenende wirklich mit der Arbeit „aufhört".

Als zweites ist da der Aspekt des Feierns: In Gemeinschaft mit Freunden kann man Spaß haben, wenn man
zusammen was unternimmt; man kann tun, wozu man
sonst keine Zeit.

Als drittes ist da die Gemeinschaft mit Gott: Man
trifft sich mit anderen zu einer gemeinsamen Stunde und
merkt, wie Gott durch die Predigt und durch andere
Gottesdienstbeiträge zu einem persönlich spricht.

Wenn Sie das dritte ausprobieren wollen, dann beten
Sie bitte vorher zu Jesus, dass er sie in eine Kirche führt,
wo die Wahrheit über Gott verkündet wird, denn es existieren so viele sich zum Teil widersprechende Ansichten
über Gott, dass seine Führung wirklich nötig ist.

5. Gebot

5. Mose 5,16; *Ehre deinen Vater und deine Mutter, wie
der HERR, dein Gott, es dir geboten hat, damit deine
Tage lange währen und damit es dir gut geht in dem
Land, das der HERR, dein Gott, dir gibt.*

In diesem Gebot geht es um die Behandlung der eigenen Eltern.

Was bedeutet „ehren" ?

Die Bibel spricht an anderen Stellen zwei Gesichts-
punkte zu diesem Thema „Eltern ehren" an.

Der erste gilt für Kinder, die noch bei ihren Eltern
wohnen (Epheser 6,1-4):

*Ihr Kinder, gehorcht euren Eltern im Herrn, denn das
ist recht. ‚Ehre deinen Vater und deine Mutter' - das ist
das erste Gebot mit Verheißung - ‚auf das du lange lebst
auf der Erde.'*

Und ihr Väter, reizt eure Kinder nicht zum Zorn,
sondern zieht sie auf in der Zucht und Ermahnung des
Herrn.

Diese vier Verse beschreiben die biblischen Er-
ziehungsgrundsätze. Mit „gehorchen im Herrn" ist
kein blinder Gehorsam gemeint, aber schon ein
grundsätzlicher Gehorsam. Die Eltern haben eine
größere Lebenserfahrung und wissen dadurch normaler-
weise mehr, und Kinder ehren sie, indem sie ihnen vertrauen und gehorchen.

Aber auch an die Eltern ist in diesem Zusammenhang
eine Forderung gerichtet:

1. die Kinder nicht „zum Zorn zu reizen"; das hilft
   auch den Kindern, den Eltern zu gehorchen.

2. in der richtigen Weise aufziehen. „Zucht" ist
   ein anderes Wort für Disziplin und Selbstbeherr-
   schung.
   „Ermahnung" (bedeutet auch Ermunterung!) ist
   notwendig, damit sich das Kind in die richtige
   Richtung entwickelt und z.B. vor manchen falschen
   Dingen bewahrt bleibt. Der Ausdruck „des Herrn"
   zeigt, dass hier die biblischen Maßstäbe gemeint
   sind und dass das Kind auch von den Eltern lernen soll, wie man Gottes Reden persönlich hören
   und umsetzen kann.

Gegenseitige Liebe ist als Familiengrundlage natürlich
unverzichtbar.

Ein zweiter Gesichtspunkt zum Thema „Eltern ehren"
ist, wenn die Eltern alt geworden sind. Früher muss-
ten die Eltern im Alter von den Kindern versorgt und

manchmal auch gepflegt werden, aber trotzdem wurden die Worte alter Leute ernstgenommen. Und heute ?

Zum Schluß noch ein Gedanke zum 2. Teil des 4. Gebots:

„Gut gehen und langes Leben" wird bei Befolgung des Gebots verheißen. Stimmt das? Was halten Sie von folgender Behauptung:

„Oft (natürlich nicht immer) ist es so, dass man von seinen Kindern so ähnlich behandelt wird, wie man selbst seine Eltern behandelt hat."

6. Gebot

5. Mose 5,17; *Du sollst nicht töten.*

Zu diesem Gebot fällt einem ja spontan Krieg ein. Ich war über Sylvester '91 mit einer größeren Gruppe anderthalb Wochen in Kroatien und wir haben dort christliche Literatur und Hilfsgüter verteilt. Dort habe ich Kriegsschäden in Städten gesehen und auch viel mit Leuten gesprochen. Ein 19-jähriger Soldat erzählte, dass er die Dinge, die er auf dem Schlachtfeld erlebt, durch hartes Arbeiten zu verdrängen versucht. Ein anderer, 21 Jahre, erzählte, dass er schon an die Hundert gegnerische Soldaten getötet hat und dass er sich gar nichts anderes mehr vorstellen kann als Soldat zu sein und im Krieg zu töten. Diese Gespräche und auch Gespräche mit Zivilisten, die mehrere Monate im Keller lebten, gaben mir einen ganz kleinen Einblick, was Krieg bedeutet. (In Kroatien war zu der Zeit Waffenstillstand, deswegen war es für uns ungefährlich.)

Was bedeutet dieses Gebot nun?

In der Bergpredigt, in Matth. 5,21.22, steht: *Ihr habt gehört, dass zu den Alten gesagt ist: Du sollst nicht töten;*

*wer aber töten wird, der wird dem Gericht verfallen sein.
Ich aber sage euch, dass jeder, der seinem Bruder ohne
Grund zürnt, dem Gericht verfallen sein wird; wer aber
zu seinem Bruder sagt: Raka! dem Hohen Rat verfallen
sein wird; wer aber sagt: Du Narr! der Hölle des Feuers
verfallen sein wird.*

(„Raka" ist ein Ausdruck der Verachtung und „Narr"
eine Steigerung davon.)

Aus diesem Text geht hervor, dass mit dem Wort
„Töten" aus dem Gebot nicht Notwehr oder Totschlag
im Affekt gemeint ist, sondern bewusstes Töten, also
Morden. Außerdem wird hier die Entstehung einer Sorte
von Morden beschrieben: Erst der unbegründete Zorn,
dann „Töten" mit Worten und Verachtung, und zuletzt
kommt dann der wirkliche Mord. Für Gott sind diese Anfänge schon schlimmer als für uns der eigentliche
Mord.

Auch über die Wurzel „Habgier" kann ein Mord entstehen: Erst kommt die Habgier und der Neid, dann die
Übervorteilung („Der andere macht es ja auch.") oder
der Einbruch und am Schluss der Mord. In unserer Gesellschaft kommt es meistens nicht zum Mord, sondern
man bleibt (Gott sei Dank!) beim Hassen, Neiden, usw.
stehen. Auch der Krieg im ehemaligen Jugoslawien kam
sicherlich nicht von heute auf morgen, sondern hat seine
Wurzeln in Unversöhnlichkeit und Habgier und wuchs
bis zum bewaffneten Konflikt an.

Jesus bietet an, einen selbst zu verändern, so dass man
diese Wurzeln wie Hass, dauernder Zorn, Habgier, Neid,
Egoismus, usw. loswerden kann und Probleme wirklich
gelöst werden können.

7. Gebot

5. Mose 5,18; *Du sollst nicht ehebrechen.*

Das Wort „Ehebruch" wird heute kaum noch gebraucht; man drückt es eher mit netteren Worten wie „Seitensprung" oder „Fremdgehen" aus.

Als erstes möchte ich die Ehe an sich einmal betrachten: Sie wird amtlich von einem Standesbeamten beurkundet. Dieser Beamte stellt nur die Frage, ob die anwesenden Brautleute heiraten wollen und erklärt dann -nach Bejahung seiner Frage- Braut und Bräutigam zu „rechtmäßig verbundenen Eheleuten". Was „Ehe" bedeutet, dazu sagt er vielleicht in einer kurzen Ansprache etwas aus seiner Sicht, aber zu der offiziellen Amtshandlung des Trauens gehört es nicht.

Die Bibel sagt sehr viel zum Thema „Ehe" und aus Platzgründen möchte ich nur die Hauptpunkte aufzählen: Liebe (was praktische Auswirkungen wie Hingabe, Treue, Achtung, das-Beste-für-den-Ehepartner-wollen, usw. haben muss, sonst ist es eine leere Worthülse), lebenslang, tiefes Vertrauen, eine Einheit sein, absolute Treue, sexuelle Liebe (als intensivster Ausdruck der eigenen Liebe zum anderen; man soll dem anderen ein Höchstmaß an Genuss verschaffen), Kindererziehung, und noch einiges andere mehr.

Ehebruch liegt da vor, wo die sexuelle Liebe ein Ehepartner mit einem Außenstehenden teilt. Allerdings muss man sehen, dass ausgeübte Sexualität nicht immer ein Ausdruck der Liebe ist. Im Gegenteil, es ist vielfach nur ein Genußmittel, wodurch eigene sexuelle Begierden befriedigt werden sollen. Der Sexualpartner wird „instrumentalisiert", er ist dann nur ein „Instrument", mit dem sexuelle Begierden befriedigt werden. Diese Umwandlung von sexueller Liebe in egoistische Lustbefriedigung hat es schon immer gegeben („ältestes Gewerbe der Welt") und ist auch die Ursache von sexuellem Missbrauch.

Häufig ist Ehebruch eine Folge von egoistischer, sexueller Begierde. Es fängt mit der Einstellung, mit den Blicken an.

Jesus sagt an einer Stelle (Matthäus 5,28):

Ich aber sage euch, dass jeder, der eine Frau ansieht, sie zu begehren, schon Ehebruch mit ihr begangen hat in seinem Herzen.

Ehebruch kann natürlich auch entstehen, wenn eine Ehe durch andere Gründe schon am Kaputtgehen ist; oft ist aber auch ein Ehebruch der Beginn für die Zerstörung einer Ehe. Geschlechtskrankheiten sind eine weitere Gefahr bei Ehebruch. Heilung einer Ehe ist durch Jesus Christus möglich und Hilfen zur Eheführung sind in der Bibel in großer Anzahl zu finden.

8. Gebot

5. Mose 5,19; *Du sollst nicht stehlen.*

Das Wort „*stehlen*" hat einen etwas unangenehmen Klang und deswegen wird dieses Wort, ähnlich wie „ehebrechen", durch andere Worte, die „positiver" klingen ersetzt, wie z.B. „klauen", „klemmen", „mitgehen lassen", usw. Ähnlich ist das mit dem Wort „betrügen", was nur eine besondere Art des Stehlens ist. Da sagt man lieber „bescheißen", „abzocken", „über's Ohr hauen", usw.

Die allgemeine Verwendung dieser „netteren" Wörter deutet auf eine gewisse Verdrängungsmentalität: Man will gar nicht mehr wissen und hören, dass z.B. Versicherungsbetrug oder Steuerbetrug Diebstahl ist und wer so etwas tut und das tun die Meisten aller Bundesbürger, der wird sich nie und nimmer als Dieb betrachten. Man sieht sich dann wohl eher als eine Art Robin Hood und hält sich für besonders raffiniert. Man guckt dann auch etwas verächtlich auf die Diebe herab, die im Kaufhaus stehlen und diejenigen, die bei Privatpersonen einbrechen, die werden als ganz schlimme Diebe betrachtet.

Aber eigentlich sind alle diese Dinge Diebstahl; ein Steuerbetrug ist nur nicht so riskant wie ein Einbruch und man kann nicht direkt sehen, dass es jemandem weh tut. Die Mentalität, die dahintersteckt, ist, dass man Geld haben will, ob man es nun verdient hat oder nicht. Das ist nur in seltenen Fällen blanke Besitzgier, sondern mehr die Haltung, alles mitzunehmen, was man ohne größeres Risiko mitnehmen kann, ob legal oder nicht.

Diese Mentalität wird natürlich vom nicht gerade vorbildhaften Verhalten unserer Politiker begünstigt. Dies kann natürlich nicht als Ausrede dienen, da man z.B. seinen Kindern sehr wohl beibringt, dass das Verhalten der Nachbarskinder nicht unbedingt ein Maßstab für sie ist.

Die Bibel sagt zu den Leuten, die Jesus Christus ihr Leben gegeben haben, in Epheser 4,28;:

Wer gestohlen hat, stehle nicht mehr, sondern mühe sich vielmehr und wirke mit seinen Händen das Gute, damit er dem Bedürftigen etwas mitzugeben habe.

Statt wegnehmen also arbeiten um abzugeben.

Um dazu fähig zu sein, muss die Mentalität geändert werden. Man ist ja heute nur bereit, von den Brosamen seines Gehalts etwas abzugeben, aber für einen Bedürftigen (nicht unbedingt ein Freund) sich abmühen, um ihm etwas mitzugeben ? Die menschliche Gesinnung ist so hoffnungslos egoistisch, dass das kaum einer macht.

Wer Jesus annimmt, wird fähig zu dieser Veränderung und das macht einen frei zum wirklichen Leben.

9. Gebot

5. Mose 5,20;
Du sollst kein falsches Zeugnis gegen deinen Nächsten ablegen.

Zum Wort „Zeugnis" fällt den meisten wohl ein Schulzeugnis oder ein Abgangszeugnis ein. So ein Zeugnis ist eine Beurteilung eines Menschen in Bezug auf verschiedene Fachgebiete. Und oft passiert es im privaten Umfeld genauso: Man beurteilt einen Bekannten oder Nachbarn nach verschiedenen Kriterien, wie Freundlichkeit, Hilfsbereitschaft, Auftreten, Kleidung, usw. Man stellt bewusst oder unbewusst ein „Zeugnis" aus und das ist ja auch kein Problem, wenn man korrekturfähig bleibt.

Die Probleme fangen da an, wo man sein „Zeugnis" von einer Person anderen kundtut und das macht fast jeder. Natürlich ist niemand wirklich objektiv, sondern alle Aussagen über eine Person sind subjektiv gefärbt. Und hier fängt das Falsches-Zeugnis-ablegen an:

Man bringt seine eigenen subjektiven Ansichten in den Umlauf und dazu unüberprüfte Information, die man von Dritten hat. Und jeder weiß, dass Information immer falscher wird, je länger der „Übertragungsweg" ist. Auf diese Weise werden falsche Ansichten über bestimmte Personen im Bekanntenkreis und in der Nachbarschaft verfestigt. Natürlich tun nur ganz wenige ihre Ansichten der betreffenden Person selber kund, es läuft meistens hinter deren Rücken über Dritte. Solchen Klatsch gibt es überall.

Wie zerstörerisch solch ein Klatsch und Gerede ist, wird einem erst klar, wenn man selbst davon betroffen ist. Ein einmal gemachter Fehler kann im Bekanntenkreis und der Nachbarschaft dadurch nie wieder rückgängig gemacht werden.

Die Bibel drückt sich dazu sehr bildhaft aus (Jakobus 3,1-12):

... So ist auch die Zunge ein kleines Glied und rühmt sich großer Dinge. Siehe, welch kleines Feuer, welch einen großen Wald zündet es an. Und die Zunge ist ein Feuer, die Welt der Ungerechtigkeit ... die Zunge aber kann keiner der Menschen bändigen: Sie ist ein unstetes Übel, voll tödlichen Giftes... Aus demselben Mund geht Segen und Fluch hervor. Dies, meine Brüder, sollte nicht so sein.

Ich denke, diese Auszüge machen die Auswirkungen von Klatsch und Gerede gut deutlich. Aber wie kann man seine „Zunge" kontrollieren? Versuchen Sie einmal, eine Woche nichts Negatives über nicht anwesende Personen zu sagen. Das schafft kaum einer.

Auch dieses 9. Gebot können wir praktisch kaum einhalten, auch dazu brauchen wir die Kraft Gottes. Unsere schlechte, sündige Gesinnung ist die Ursache von Klatsch und schlechtem Gerede und nur Jesus kann sie verändern.

10. Gebot

5. Mose 5,21;

Du sollst die Frau deines Nächsten nicht begehren.

Und du sollst dich nicht gelüsten lassen nach dem Haus deines Nächsten, noch nach seinem Feld, noch nach seinem Knecht, noch nach seiner Magd, noch nach seinem Rind, noch nach seinem Esel, noch nach allem, was dein Nächster hat.

Hier geht es um „begehren". Das Wort „gelüsten lassen" ist nur ein anderer Ausdruck für „Lust auf etwas haben" und bedeutet damit dasselbe wie begehren. Wenn man an die vorigen Gebote denkt, dann kann man feststellen, dass dem Bruch einiger dieser Gebote oft solch ein „Begehren" vorausgeht.

Dem Ehebruch geht ein Begehren des Ehepartners eines anderen voraus, dem Diebstahl ein Begehren von Eigentum, dem Mord aus Habgier ebenso. Meist endet dieses Begehren nicht in einer Tat, weil wir gelernt haben, uns zu beherrschen, aber diese Hemmschwelle nimmt immer mehr ab, wie man an der Zunahme von Diebstählen, Morden, Ehebrüchen, usw. sehen kann. Unsere Ansprüche sind wie Kinder, sie wachsen, wie es sehr treffend ein Sparkassenwerbeplakat aussagt. Und das führt dazu, dass wir immer mehr haben wollen, immer mehr begehren, was ja auch durch die Werbung massiv gefördert wird. Dieses Begehren kann im Neid enden, weil ja nicht jeder, sondern nur einige wenige, immer mehr haben können. Es gibt immer einen Nachbarn, der ein etwas besseres Haus, ein etwas größeres Auto hat. Oder man beneidet ihn um sein harmonischeres Familienleben, um sein Ehepartner, usw.

Ein Begehren kann sich auch in Rücksichtslosigkeit steigern. Man versucht andere zu übervorteilen, den Ehepartner auszuspannen, usw., um sein eigenes Begehren auszuleben, seine eigenen Wünsche zu erfüllen. Glücklich wird man weder durch Neid noch durch Rücksichtslosigkeit, weil man sich nie alle seine Wünsche erfüllen kann. Wenn man etwas Begehrtes bekommen hat, dann will man nach einer Zeit wieder etwas Neues haben.

In Psalm 16,2; sagt jemand zu Gott: *Du bist mein Herr, es gibt kein Glück für mich außer dir.* In Vers 4 sagt er dann: *Zahlreich sind die Schmerzen derer, die einem anderen Gott nachlaufen.*

Welchem Gott laufen Sie nach? Viele Menschen glauben, dass es einen Gott gibt, setzen ihr Leben aber allein auf Familienglück, Gesundheit und Wohlstand und vertrauen nicht dem Gott der Bibel.

Der Psalmist setzt sein Vertrauen allein auf Gott. Er kann die gerade aufgezählten irdischen Dinge sehr wohl genießen, hat aber durch sein Vertrauen auf Gott die Sicherheit, dass sein Lebensglück nicht verlorengeht, wenn ihm diese irdischen Dinge verloren gehen.

Zusammenfassung

1. Ich bin der HERR dein Gott, der dich aus dem Sklavenhaus herausgeführt hat; du sollst keine anderen Götter neben mir haben!

2. Du sollst den Namen des HERRN, deines Gottes, nicht zu Nichtigem aussprechen, denn der HERR wird den nicht ungestraft lassen, der so etwas tut!

3. Beachte den Sabbattag, um ihn heilig zu halten, so wie der HERR, dein Gott, es dir geboten hat!

4. Ehre deinen Vater und deine Mutter, wie der HERR, dein Gott, es Dir geboten hat, damit du lange lebst und es dir gut geht!

5. Du sollst nicht töten!

6. Du sollst nicht ehebrechen!

7. Du sollst nicht stehlen!

8. Du sollst kein falsches Zeugnis gegen deinen Nächsten ablegen!

9. Du sollst nicht die Frau deines Nächsten begehren!

10. Du sollst nicht den Besitz deines Nächsten begehren!

(nach 5. Mose 5,6-21;)

Gott und Mensch

Vielleicht werden Sie sich fragen, warum ich die 10 Gebote im vorigen Kapitel so intensiv ein Gebot nach dem anderen behandelt habe. Der Grund ist, dass ich möchte, dass Sie Gott persönlich kennenlernen. Vielleicht halten Sie diese Aussage für vermessen, aber es geht und die Bibel sagt wie. Ich möchte zuerst versuchen, die Kluft zwischen Menschen und Gott darzustellen.

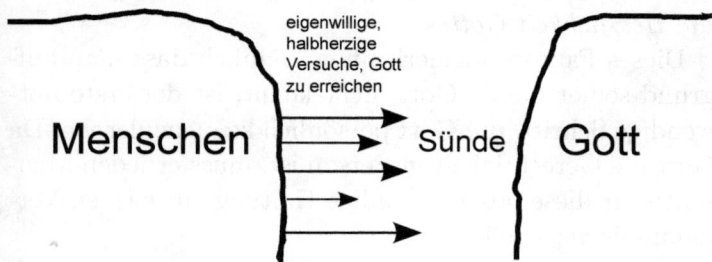

Diese Kluft zwischen Menschen und Gott wird in der Bibel so beschrieben (Römer 3,10.11):

Da ist kein Gerechter, auch nicht einer; da ist keiner, der verständig ist; da ist keiner, der Gott sucht.

Laut Bibel ist also jeder Mensch ein schlechter Mensch, ein Sünder; man interessiert sich zwar hier und da für Gott, ist aber nicht bereit, sich ihm völlig unterzuordnen. Die meisten Menschen jedoch stimmen diesen Aussagen nicht zu.

Deshalb habe ich so ausführlich die zehn Gebote behandelt, denn laut Römer 3,20 gilt:

durch das Gesetz kommt Erkenntnis der Sünde.

Wenn Sie sich nun an den Maßstäben der zehn Gebote selbst überprüfen, dann werden sie vielleicht eher bereit, dem biblischen Urteil über den Menschen, und damit auch über Sie selbst, zuzustimmen. Dieser anfänglich schmerzhafte Weg ist absolut notwendig, um Gott kennenzulernen. An einen Gott zu glauben, dazu sind fast alle bereit, aber wirklich danach zu fragen und zu suchen, was Gott von einem will, da hört es dann auf. Diese allen Menschen innewohnende Haltung nennt die Bibel „Sünde" und aus dieser Haltung resultieren alle schlechten Taten und Gedanken.

Römer 3,23; *alle haben gesündigt und erlangen nicht die Herrlichkeit Gottes*

Dieses Faktum anzuerkennen, nämlich dass man aufgrund seiner Sünde Gott nicht kennt, ist der erste notwendige Schritt, um Gott persönlich kennenzulernen. Da Gott die Gerechtigkeit in Person ist, muss er jeden Menschen für diese falsche, sündige Haltung zur ewigen Verdammnis verurteilen.

Gott ist aber nicht nur Gerechtigkeit, sondern auch die Liebe in Person (Römer 5,8):

Gott aber erweist seine Liebe gegen uns darin, dass Christus, als wir noch Sünder waren, für uns gestorben ist.

Jesus Christus hat die Strafe, die wir alle verdient haben, am Kreuz selber getragen, wie ein Richter, der einen Angeklagten verurteilen muss, weil der schuldig ist, aber die Strafe dann aus eigener Tasche bezahlt. Dadurch sieht Gott alle die Menschen, die dies für sich in Anspruch nehmen als unschuldig an, weil die Strafe ja bezahlt ist. Allerdings ist dies nicht automatisch, sondern freiwillig, genauso wie der Angeklagte vor Gericht die Zahlung der Strafe durch den Richter auch ablehnen könnte.

Nun kann jeder, der dieses Opfer Jesu Christi annimmt, eine persönliche Beziehung zu Gott bekommen.

Grafisch könnte man das Kreuz Jesu als Brücke zwischen Gott und Menschen darstellen.

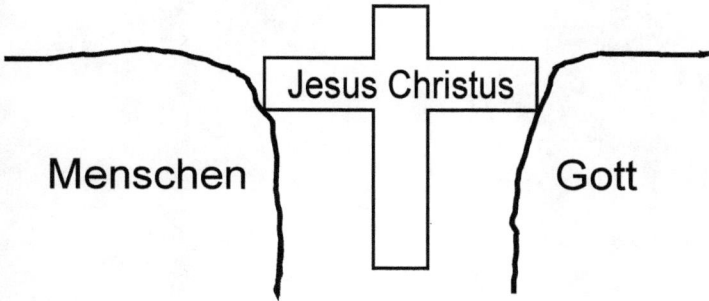

Wie kann man nun „über diese Brücke gehen"? Dies wird in Römer 10,13; klargemacht:

denn jeder, der den Namen des Herrn -Jesus Christus- anrufen wird, wird errettet werden.

Dieses „*anrufen*" ist vielleicht vergleichbar mit einem Brief, den Sie schreiben: Sie sehen ihren Adressaten nicht und Sie wissen nicht genau, wann die Antwort kommt, aber sie wird kommen. Bitten Sie ihn, dass Sie ihn kennenlernen möchten. Bitten Sie ihn um Vergebung ihrer Schuld, bitten Sie ihn, dass Sie Ihr Leben nach seinem Willen führen können, bitten Sie ihn bei Ihren Problemen um Hilfe, usw., denn (Römer 10,12): *denn er ist Herr über alle, und er ist reich für alle, die ihn anrufen.*

Wahrer / Falscher Glaube

Im vorigen Kapitel ging es darum, dass Jesus hat unsere Schuld am Kreuz bezahlt und dadurch eine Brücke zu Gott geschlagen hat. Jesus ist nun der einzige Weg zu Gott.

In Johannes 14,6; sagt Jesus:
Ich bin der Weg, die Wahrheit und das Leben. Niemand kommt zum Vater als nur durch mich.

Dieser Anspruch Jesu, der einzige wahre Weg zu sein, stört sicherlich viele, weil die meisten Menschen denken, dass alle Religionen irgendwie recht haben.

Das kann allerdings nicht sein, da die meisten Religionen zueinander entgegengesetzt sind, z.B. glauben viele Leute in Deutschland, dass alle Menschen in den Himmel kommen, manche Religionen sagen, dass man viele gute Werke tun muss, um in den Himmel zu kommen, fern-östliche Religionen glauben gar nicht, dass es einen Himmel gibt, sondern nur Reinkarnation und Nirwana, usw. Alles gleichzeitig kann nicht stimmen.

Als Illustration dafür möchte ich mit ihnen 500 Jahre zurückgehen, zur Zeit von Christoph Kolumbus. Er glaubte, dass die Erde eine Kugel ist, die meisten anderen Gelehrten glaubten an eine Erde als Scheibe. Wie soll man nun feststellen, wer recht hat? Es gab keine Flugzeuge, keine Satelliten. Ein Kompromiss wäre lachhaft gewesen, entweder Kugel oder Scheibe, oder vielleicht Halbkugel? Außer einer Reise um die Welt gab es nur ein paar Indizien, anhand derer man sich eine Meinung bilden konnte; z.B. die zu beobachtende Erdkrümmung bei Schiffen auf dem Meer.

Nun scheint eine Beurteilung von Glaubensrichtungen ungleich schwerer zu sein. Die Grundlagen und die gelebte Praxis einer Glaubensrichtung sind dazu die einzigen Kriterien. In der heutigen Zeit jedoch sind Grundlagen weniger wichtig als die Mitgliedschaft in irgendeiner Glaubensgemeinschaft. Das Wort Fundamentalist (Fundament = Grundlage) ist sogar zu einer Bezeichnung für brandstiftende, gefährliche Irre geworden, aber es hängt von dem jeweiligen Fundament ab, ob man so oder anders ist.

Jemand, der die Bibel als Fundament (Grundlage) hat, wird nie Häuser von Andersdenkenden anzünden oder Andersdenkende verfolgen, weil Gott das in der Bibel klar verbietet. Allerdings gibt es natürlich unzählige Gruppen, die sich auf die Bibel als Fundament berufen, aber wichtige Teile von ihr ausblenden. Solche Gruppen erkennt man oft daran, dass sie das Bibellesen ihrer Mitglieder kontrollieren wollen bzw. ihren Mitgliedern vermitteln, dass nur ein besonderer Amtsträger die Bibel richtig verstehen kann.

Im Gegensatz dazu lobt der Apostel Paulus eine Gemeinde, die ihn als Amtsträger anhand der Bibel kontrolliert (Apostelg. 17,11):

Diese (aus Beröa) waren edler als die in Thessalohnich; sie nahmen das Wort mit aller Bereitwilligkeit auf und untersuchten täglich die Schriften (Bibel), ob dies sich so verhielte."

Aber ist die lehrmäßige Grundlage wirklich wichtig ?

Natürlich überzeugt auf den ersten Blick erst einmal die sichtbare Praxis, denn was nützen abgehobene Theorien, die in der Wirklichkeit nicht funktionieren; mich persönlich hat auch die gelebte Praxis von Christen - nach längerem Abwarten- überzeugt. Aber es ist andererseits auch verkehrt, die Theorie nicht zu beachten, nach dem Motto: Hauptsache, jemand tut etwas für die Armen, für die Kinder, oder für sonst jemand; ist doch egal, was man glaubt.

Es gibt viele Beispiele, wo diese Nichtbeachtung der Theorie verhängnisvolle Folgen hatte. Ein markantes Beispiel ist das 3. Reich. Hitler hatte 1924 sein Buch „Mein Kampf" geschrieben, wo er die ganze Theorie seiner Ideologie niedergeschrieben hatte. Die Menschen interessierte damals die Theorie nicht, sondern nur die materielle Not, in der sich viele befanden. Hitler versprach Abhilfe und auf den ersten Blick wurde ja auch vieles besser: Weniger Arbeitslosigkeit, mehr Straßen, usw. Aber dann fing er an, seine Theorie immer mehr zu verwirklichen und dann ging es mit Volldampf weiter in die Katastrophe. Hätten viele dieses Buch vorher gelesen und geprüft, dann hätte er sicherlich erheblich weniger Wähler gefunden.

Es haben auch viele andere Leute ihre Theorien veröffentlicht, aber es lohnt sich natürlich nur, so etwas zu lesen, wenn so eine Person auch eine gewichtige Rolle in der Öffentlichkeit spielt und etwas zu sagen hat.

Man könnte nun die Bibel mit solchen ideologischen Büchern von diversen Politikern vergleichen. Dabei fallen einige entscheidende Unterschiede auf:

1. Die Theorien von Politikern funktionieren meist nicht.

(bestes Beispiel: Kommunismus)
Die Bibel funktioniert, man kann nach ihr leben

und in ihr steht die Wahrheit über Gott und die Menschen.

2. Die Theorien von Politikern bringen oft Verderben für viele.
   Durch die Bibel kann man Gott kennenlernen und das bedeutet Leben im Überfluss, für den, der es annimmt.

3. Diese politischen, theoretischen Bücher sind oft sehr trocken und langweilig geschrieben.
   Die Bibel ist interessant und lebendig geschrieben. Schon im neuen Testament, wo der Hauptteil der biblischen Theorie steht, stehen viele anschauliche Beispiele. Und das gesamte alte Testament ist ein riesiger Fundus aus wahren Begebenheiten, die die biblische Theorie farbig darstellen.

Wenn sie die Bibel, Gottes Wort, ehrlich prüfen, dann werden Sie die selbe Erfahrung wie der Psalmist machen (Psalm 119,162):

Ich freue mich über dein Wort wie einer der große Beute macht.

Zukunft

Im vorigen Kapitel habe ich versucht, politische Ideologien mit der Bibel zu vergleichen. Da ich in den letzten sieben Jahren mit der Bibel gelebt und sie praktisch ausprobiert habe, ist mein Urteil natürlich höchst subjektiv. Aber ich bin davon überzeugt, dass Sie mit der Bibel ähnlich positive Erfahrungen wie ich machen würden.

Wir leben zur Zeit in einem Zeitabschnitt, der von Depression, Rezession und Hoffnungslosigkeit geprägt ist: Kriege, Hunger, weltweite Arbeitslosigkeit, usw. Um sich dieses Horrorszenario weiter auszumalen, braucht man nur in eine Zeitung hineinzugucken.

In unserer Gesellschaft bestimmt jetzt weitgehend die Rückkehr ins Private das Leben eines einzelnen. Man sieht zu, dass man so viel wie möglich „Glück" für sich und seine Familie rettet und verfolgt den Rest der Welt am Fernsehapparat und in der Zeitung. Was ich nicht weiß, macht mich nicht heiß.

Die Bibel spricht seit knapp 2000 Jahren von einer himmlischen Hoffnung, die in Offenbarung 21,1-8; beschrieben wird:

Und ich sah einen neuen Himmel und eine neue Erde; denn der erste Himmel und die erste Erde waren vergangen, und das Meer ist nicht mehr.

Und ich sah die heilige Stadt, das neue Jerusalem, aus dem Himmel von Gott herabkommen, bereitet wie eine für ihren Mann geschmückte Braut. Und ich hörte eine laute Stimme vom Thron her sagen: Siehe, das Zelt

Gottes bei den Menschen! Und er wird bei ihnen wohnen, und sie werden sein Volk sein, und Gott selbst wird bei ihnen sein. Und er wird jede Träne von ihren Augen abwischen, und der Tod wird nicht mehr sein, noch Trauer, noch Geschrei, noch Schmerz wird mehr sein: denn das Erste ist vergangen. Und der, welcher auf dem Thron saß, sprach: Siehe, ich mache alles neu. Und er spricht: Schreibe, denn diese Worte sind gewiss und wahrhaftig. Und er sprach zu mir: Es ist geschehen. Ich bin das Alpha und das Omega, der Anfang und das Ende. Ich will dem Dürstenden aus der Quelle des Wassers des Lebens geben umsonst. Wer überwindet, wird dies erben, und ich werde ihm Gott sein, und er wird mir Sohn sein. Aber den Feigen und Ungläubigen und mit Greueln Befleckten und Mördern und Unzüchtigen und Zauberern und Götzendienern und allen Lügnern ist ihr Teil in dem See, der mit Feuer und Schwefel brennt, das ist der zweite Tod.

Aufgrund meiner bisherigen Erfahrungen mit der Bibel bin ich fest davon überzeugt, dass diese Vorhersage wahr ist. Diese himmlische Hoffnung gibt mir *die* Zukunftsperspektive, so dass ich mich nicht nur ins Private zurückzuziehen muss, sondern heute mit Jesu Kraft und Beistand auch für andere Menschen leben kann und dabei schon heute ein sinnvolles und glückliches Leben haben kann.

Weihnachten

Im vorigen Kapitel ging es um eine himmlische Hoffnung, die Gott denjenigen verspricht, die ihr ganzes Leben ihm geben. Diese himmlische Hoffnung ist kein billiges Vertrösten auf das Jenseits, sondern hat erhebliche Auswirkungen auf das Leben hier.

„Gott sein Leben geben": Man könnte meinen, das findet gerade Weihnachten bei besonders vielen Menschen statt. Viele gehen Heiligabend in die Kirche, religiöse Gefühle erwachen, manche lesen die Weihnachtsgeschichte in der Bibel: (die Geburt Jesu: Matthäus 1,18-25; und Lukas 2,1-20; die Weisen aus dem Morgenland: Matthäus 2,1-12;)

Dass religiöse Gefühle auftreten, ist kein Wunder. In Prediger 3,11 steht, dass Gott jedem Menschen die Ewigkeit ins Herz gelegt hat und damit hat jeder Mensch irgendwo die Ahnung -auch wenn sie tief verborgen ist-, dass es etwas geben muss, was über unsere materielle Welt hinausgeht. Jeder Mensch stellt sich irgendwann einmal in seinem Leben die Frage nach Gott und der Ewigkeit.

Nun ist es eigenartig, dass zu Weihnachten religiöses Denken und Fühlen sehr gehäuft und im restlichen Jahr kaum auftritt. Ein evangelischer Pastor hat Weihnachten einmal mit einer Impfung verglichen: Bei einer aktiven Impfung werden einem geschwächte Erreger eingespritzt und der Körper kann diese besiegen und wird dabei immun. Diese Immunität wirkt dann auch gegen gesunde Erreger. Ab und zu muss so eine Impfung aufgefrischt werden. Zu Weihnachten impft man sich „einen geschwächten Gott" ein: Mit dem Kirchenbesuch am Heiligabend, mit den Glocken, den Weihnachtsfilmen und -geschichtchen, usw.; man befriedigt so etwas sein religiöses Bedürfnis und ist auf diese Art und Weise den Rest des Jahres gegen den wahren, echten Gott „geimpft" und denkt nicht mehr an ihn. Jedes Jahr Weihnachten gibt es eine neue Auffrischung und wenn es nicht ganz reicht, kann man ja Ostern noch einmal nachtanken.

Ein anderer Pastor hat den Ausdruck „U-Boot-Christ" erfunden. Man ist das ganze Jahr in der Versenkung und taucht zu Weihnachten und zu Ostern in einer Kirche auf, und natürlich bei besonderen Anlässen. In einer ähnlichen Art und Weise ist auch manchmal eine „U-Boot-Harmonie" in der Familie vorhanden, die nur zu Weihnachten und zu besonderen Anlässen auftaucht. Das kann dann sogar zu einer harmonischen Maskerade vor den Verwandten und Bekannten werden, von denen zu Weihnachten ja oft welche kommen, die aber nichts merken dürfen.

Ich wünsche Ihnen, dass es bei Ihnen nicht so ist, wie gerade beschrieben und wünsche Ihnen erfreuliche Weihnachten.

Ich selber mag Weihnachten nicht besonders, weil es so einen pseudo-christlichen Charakter hat, freue mich aber auf das Zusammensein mit der Familie und auf die Geschenke.

Reisebericht

Anfang '94 war ich in Rumänien und da diese Reise etwas mit der Bibel zu tun hatte, möchte ich Ihnen etwas davon erzählen.

Wir, eine kleinere Gruppe aus Deutschen und Rumänen, waren in Nordost-Rumänien, in der rumänischen Moldau unterwegs. Dieser Landesteil ist der ärmste in Rumänien. Dort haben wir Bibelteile (neue Testamente) und Hilfsgüter in Dörfern verteilt. Wir sind von Haus zu Haus gegangen und haben gefragt, wer ein kostenloses neues Testament haben möchte. Manchmal haben wir vorher gefragt, ob schon eine Bibel im Haus war, denn unser Ziel war natürlich, dass die Bibeln möglichst gut verteilt sind und möglichst viele Leute Gelegenheit bekommen, sie zu lesen.

Da, wo wir arme Leute -meistens alte Leute oder Kinder in Lumpen- gesehen haben, haben wir Lebensmittel und Kleidung weitergegeben.

Vielleicht fragen Sie sich, was sollen die Leute mit Bibeln, wo sie doch kaum etwas zu essen haben. Also verhungern muss da kaum einer, obwohl die Durchschnittsverdienst bei ca 100,- monatlich liegt und in den Läden, wenn es etwas gibt, alles etwa so teuer wie hier ist. Die Inflationsrate liegt so um die 100%. Man fragt sich oft, wie die Leute es schaffen zu überleben, aber sie mogeln sich irgendwie durch.

Diese Notwendigkeit des Irgendwie-durch-Mogelns hat das Land durch und durch korrupt gemacht. Das fängt am Zoll an, wo ein Zöllner uns ungeniert nach Zigaretten für sich fragte und geht bis zum Polizist, der bei einer Kontrolle ein Stück Seife wollte, dass er im Auto liegen sah.

Unter solchen Bedingungen wird natürlich auch viel gestohlen. Unsere Autos wurden Tag und Nacht von rumänischen Freunden bewacht.

Man kann natürlich jetzt hochmütig auf dieses Volk herabblicken, aber in Deutschland passiert es ja so ähnlich, bloß hier ist es Steuerhinterziehung, Versicherungsbetrug, und ähnliches und diese Dinge werden hier meist nicht wegen Armut gemacht.

Viele sind dort arbeitslos und viele sind Alkoholiker.

Aber viele sind interessiert an Gott und an der Bibel; sie können die Lebensfragen nach der Herkunft und dem Sinn ihres Lebens ja auch nicht mit Vergnügungen, Hobbys, Konsum, Fernsehen, usw. verdrängen (In den Dörfern gibt es bisher kaum Fernseher.), höchstens mit Alkohol.

Viele Menschen fangen an, die Bibel zu lesen, finden Hilfe für ihr Leben, schreiben auch an eine beigelegte Korrespondenzadresse und manche übergeben ihr Leben Jesus Christus.

Jesus als Hirte

Ich möchte mit Ihnen diesmal einen Bibeltext betrachten, den einige von Ihnen auszugsweise vielleicht kennen:
Psalm 23:

Ein Psalm. Von David.
Der HERR ist mein Hirte, mir wird nichts mangeln.
Er lagert mich auf grünen Auen,
er führt mich zu stillen Wassern.
Er erquickt meine Seele.
Er leitet mich in Pfaden der Gerechtigkeit
um seines Namens willen.
Auch wenn ich wandere im Tal des Todesschattens,
fürchte ich kein Unheil, denn du bist bei mir;
dein Stecken und dein Stab, sie trösten mich.
Du bereitest vor mir einen Tisch
angesichts meiner Feinde;
du hast mein Haupt mit Öl gesalbt,
mein Becher fließt über.
Nur Güte und Gnade werden mir folgen
alle Tage meines Lebens;
und ich kehre zurück ins Haus des HERRN lebenslang.

Das Wort Psalm ist griechisch und bedeutet „Lied"
oder „Gesang". In der Bibel gibt es 150 Psalmen, von
denen uns die Melodien aber leider nicht erhalten sind.
David, der Autor dieses Psalms, war erst ein einfacher
Hirte, dann gejagter Verstoßener und dann wurde er ein

mächtiger König. Aber auch als König musste er noch zweimal vor Feinden fliehen.

David bezeichnet Gott als seinen Hirten und damit sich selber als Schaf. Nun sind Schafe eher hilflos. Ohne Hirten würden sie sich verlaufen und verhungern, weil sie es nicht schaffen, eine neue Weide zu finden, wenn die alte abgegrast ist. Wenn ein Wolf oder ähnliches kommt, haben Schafe keine Chance.

David erwartet von Gott wirkliche Erfüllung und Leitung für sein Leben („Seele erquicken", „Leitung in Gerechtigkeit").

Der Gottesname („um seines Namens willen") ist „Jahwe":

Ich bin, der ich bin" oder *Ich werde sein, der ich sein werde."*

Dieser Name drückt Gottes Wirklichkeit und Unveränderlichkeit aus, was auch David in seinem Leben oft erlebte. Auch bei großen Problemen verlässt sich David auf Gott. Hierbei sind besonders der Stecken und der Stab interessant:

Der Stecken dient dazu, um den Schafen vielleicht einmal einen Klaps zu geben, falls sie in die falsche Richtung laufen. So ein Klaps ist zwar nicht immer angenehm, zeigt aber dem Schaf die richtige Richtung an und gibt ihm Gewissheit, dass der Hirte noch da ist. Außerdem diente er als Waffe gegen feindliche Tiere wie Löwen oder Wölfe.

Der Stab war am Ende gebogen und diente dazu, ein Schaf an sich heranzuziehen, um es zu untersuchen und zu verbinden.

Am Ende drückt David aus, dass Gott immer viel Gutes für ihn bereit hat und dass er immer im Haus seines Hirten sein will. Auch als er später eine gesicherte Position als König hatte, verließ David nie seinen Hirten. Ich denke, jeder Mensch braucht diesen Hirten, nur fällt es vielen schwer, das zuzugeben.

Auf dieses Bild des Hirten greift auch Jesus bei einer seiner Reden zurück:

Johannes 10, 1-5.9-11;

Wahrlich, wahrlich, ich sage euch: Wer nicht durch die Tür in den Hof der Schafe eingeht, sondern anderswo hinüber steigt, der ist ein Dieb und ein Räuber. Wer aber durch die Tür eingeht, ist Hirte der Schafe. Diesem tut der Türhüter auf, und die Schafe hören seine Stimme, und er ruft seine eigenen Schafe mit Namen und führt sie heraus. Wenn er seine eigenen [Schafe] alle herausgebracht hat, geht er vor ihnen her, und die Schafe folgen ihm, weil sie seine Stimme kennen. Einem Fremden aber werden sie nicht folgen, sondern werden vor ihm fliehen, weil sie die Stimme der Fremden nicht kennen.

Dann sagt Jesus:

Ich bin die Tür; wenn jemand durch mich eingeht, so wird er errettet werden und wird ein- und ausgehen und Weide finden.

Der Dieb kommt nur, um zu stehlen und zu schlachten und zu verderben. Ich bin gekommen, damit sie Leben haben und [es in] Überfluss haben. Ich bin der gute Hirte; der gute Hirte lässt sein Leben für die Schafe.

Dies ist ein interessantes Bild: Jesus vergleicht sich zuerst mit der Tür vom Stall. Schafe, die im Stall bleiben, haben zwar auch Futter, aber kein frisches, und sie haben keine Bewegung und sind ohne den Hirten, was am Schlimmsten ist. Dies ist vergleichbar mit einem normalen bürgerlichen Leben ohne Gemeinschaft mit dem Hirten Jesus. Man hat seine vertraute Umgebung, seinen vertrauten Lebensstil, aber man wird nie das richtige Leben finden.

Draußen drohen sicherlich Gefahren, man könnte z.B. von Freunden und Verwandten ausgelacht werden und im Stall zu bleiben bietet einen gewissen Schutz, aber wenn einmal ein Dieb in den Stall einbricht, sprich, etwas Schlimmes passiert, -wie Krankheit, Verlust von nahestehenden Mensch, usw.- dann ist man allein.

Jesus ist die *Tür*. Um wirkliches Leben zu bekommen, muss man durch die Tür gehen; das bedeutet, ihm das eigene Leben vorbehaltlos zu übereignen, ihn als Herrn anzunehmen. Gleichzeitig ist Jesus auch der *Hirte*, der auf seine Schafe aufpasst und sie inmitten der Gefahren bewahrt und trägt. Bei ihm ist man sicher, er führt zu guten Weiden, zu einem erfüllten, lebenswerten Leben. Da wir alle innerlich schwarze Schafe sind, hat er Gottes Zorn über unsere Sünden auf sich genommen und ist für uns am Kreuz gestorben. Dadurch ist das Leben mit ihm möglich geworden.

Jesus liebt Sie und ruft Sie. Er will auch Ihr guter Hirte sein.

Wieviel ist ein Mensch wert?

Der reine Materialwert beträgt angeblich nur 2 bis 3 DM. Für die Beurteilung des Wertes könnte man aber über den reinen Materialwert hinausgehen und körpereigene Strukturen berücksichtigen, wie z.B. Organe, die ja schon eine Menge wert sind.

Noch makaberer ist die militärische Wertabschätzung. Hierbei wird kalkuliert, wieviel Geld für militärische Güter ausgegeben werden muß, um einen Menschen kampfunfähig zu machen und da eine Maschinenpistole erheblich mehr als ein Speer kostet, ist der Mensch, militärisch gesehen, immer teurer geworden. (Krieg - abgesehen vom Leid und der Zerstörung- ruiniert eine Volkswirtschaft, ganz einfach, weil die Waffen so teuer sind.)

Manche bestimmen den Wert eines Menschen über die „Volks"- oder "Rassenzugehörigkeit". Wer nicht zu einer bestimmten Rasse oder Volk gehört, hat Pech gehabt. Ausdrücke wie „minderwertiges Volk" oder „Untermensch" werden auch heute noch überall auf der Welt verkündet und praktiziert.

Viele von uns müssen sich oft in ihrem täglichen Leben mit dem Wert ihrer Arbeitskraft auseinandersetzen. In manchen Firmen müssen höhere Angestellte einen Rechenschaftsbericht schreiben, wieviel Geld sie mit ihrer Arbeit erwirtschaftet haben. Personalchefs überlegen sich, bevor sie jemanden einstellen, ob die Einzustellende auch genügend für die Firma einbringt. Arbeitslose leiden darunter, dass sie ihre Arbeitskraft nirgendwo einbringen können; für keine Firma scheint sie von Wert zu sein. Oft fühlen sich Arbeitslose dadurch auch selber wertlos. Da, wo der Wert eines Menschen über die Leistung und die Fähigkeiten bestimmt wird, fallen viele Menschen durch, sie sind dann „weniger wert" oder „wertlos".

Es gibt sicherlich noch weitere grausamere und weniger grausame Beispiele, wie Menschen den Wert von Menschen festlegen. Passend dazu ist der Refrain eines Liedes aus einem christlichen Jugendliederbuch:

> „Du bist gewollt, kein Kind des Zufalls, keine
>   Laune der Natur,
> ganz egal, ob Du Dein Lebenslied in Moll
>   singst oder Dur.
> Du bist ein Gedanke Gottes, ein genialer
>   noch dazu.
> Du bist Du, das ist der Clou, ja der Clou. Ja,
>   Du bist Du."

Auch in der Bibel steht einiges zum Wert eines Menschen. Im ersten Kapitel heißt es (1. Mose 1,26.27):

Und Gott sprach: Lasst uns Menschen machen in unserem Bild, uns ähnlich! Sie sollen herrschen über die Fische des Meeres und über die Vögel des Himmels und über das Vieh und über die ganze Erde und über alle kriechenden Tiere, die auf der Erde kriechen.

Und Gott schuf den Menschen nach seinem Bild, nach dem Bild Gottes schuf er ihn; als Mann und Frau schuf er sie.

(Das Wort „*uns*" ist ein Hinweis darauf, dass Gott drei einige Personen ist: Gott-Vater, Jesus, Heiliger Geist).

Menschen sind also Gott ähnlich. Ein gutes Beispiel dafür ist die Kreativität: Gott ist kreativ; er hat eine unglaublich vielfältige, schöne und gut funktionierende Schöpfung geschaffen. Die ist übrigens, wie es auch in Römer 1,20; steht, ein Hinweis für jeden Menschen auf die Existenz Gottes. Ebenso ist auch der Mensch kreativ; er ist in der Lage, neues zu schaffen, Dinge, die vorher nicht da waren. Der technische Fortschritt der letzten 100 Jahre macht dies eindrucksvoll deutlich.

Gott kann Beziehungen zu Menschen aufbauen, um ihrer selbst willen, nicht weil er sich davon Vorteile erhofft. Genauso kann das ein Mensch auch: Freundschaften, Liebe ohne niedere Absichten. Gott hat viele seiner Eigenschaften in den Menschen hineingelegt und das zeigt, dass jeder Mensch für Gott sehr viel wert ist. Gott will zu jedem Menschen eine persönliche Beziehung aufbauen und eine persönliche Beziehung will man nur zu dem, der einem etwas wert ist.

In Johannes 3,16 steht, dass Gott alle Menschen liebt.

In Johannes 1,11.12; steht: *Er (Jesus) kam in das Seine (die Welt, die ihm gehört) und die Seinen (alle Menschen) nahmen ihn nicht an, so viele ihn aber aufnahmen, denen gab er das Recht, Kinder Gottes zu werden, denen, die an seinen Namen glauben;*

Kinder haben mit ihren Eltern in einer funktionierenden Familie eine enge, vertrauliche Gemeinschaft. Gott will so eine enge Lebensgemeinschaft mit uns eingehen. Der Wert, den jemand für uns hat, zeigt sich oft daran, wie viel Zeit wir bereit sind, mit demjenigen zu verbringen. Jesus hat immer für uns Zeit und er wartet.

Gewissen

Leider wirkt sich der Wert eines Menschen nur selten auf dessen Handeln aus, aber einen wichtigen Aspekt im Handeln eines Menschen möchte ich nun mit Ihnen betrachten: Sein Gewissen.

In Römer 2,14.15 steht:

Denn wenn Nationen, die kein Gesetz haben, von Natur dem Gesetz entsprechend handeln, so sind diese, die kein Gesetz haben, sich selbst ein Gesetz.

Sie beweisen, dass das Werk des Gesetzes in ihren Herzen geschrieben ist, indem ihr Gewissen mit Zeugnis gibt und ihre Gedanken sich untereinander anklagen oder auch entschuldigen.

Gott hat vor der Geburt Jesu Christi sich in besonderer Weise dem Volk Israel geoffenbart und diesem ein Gesetz gegeben, wozu auch die 10 Gebote gehörten. Die Aufgabe dieses Gesetzes (*„das Werk des Gesetzes"*) war, Sünde, also falsches Tun und Denken, aufzudecken. Die anderen Völker (*„die Nationen"*) kannten dieses Gesetz nicht und haben sich selber Gesetze gemacht. Ihr Gewissen schlug dann an, wenn sie ihre Gesetze übertreten haben; man kann das Gewissen also als ein Messinstrument zur Unterscheidung von richtigem und falschem Handeln und Denken ansehen. Ein Messgerät muss aber geeicht werden, damit es die richtigen Werte anzeigt. Ein Thermometer ohne Striche ist wertlos; man muss erst bei einer bekannten Temperatur die Stände markieren, um es auf diese Art und Weise zu eichen.

Doch wie eicht man das Gewissen ?

Es gibt viele Menschen und damit viele Meinungen, was falsch oder richtig ist. Zum Beispiel sehen kannibalische Völker andere Volksgruppen nicht als Menschen an und haben deswegen kein schlechtes Gewissen, diese zu verspeisen. Andere sind in einer Sklavenhaltergesellschaft aufgewachsen und haben deswegen kein schlechtes Gewissen, sich einen Sklaven zu halten. In vielen Königsdynastien wurde es früher -und tlw. heute noch- als selbstverständlich angesehen, dass man in Saus und Braus lebt, während das Volk in großer Armut lebt. Ein schlechtes Gewissen gab es da nur sehr selten. In anderen Volksgruppen wurden Kranke und Alte einfach ausgesetzt, weil sie für den Stamm keinen Nutzen hatten. Das war so und schien keinem Probleme zu machen.

In der heutigen Zeit scheint es so zu sein, dass das richtig ist, was alle machen. Die Mehrheit hat die Wahrheit. Wie soll man nun mit dem Problem umgehen ?

Ich habe zu diesem Thema eine interessante Geschichte gefunden (aus „Herold seines Kommens"):

> Die Macht des Vorbilds - sei es gut oder schlecht - ist überwältigend. Die folgende Geschichte soll dies veranschaulichen:

> Eines Tages, als der Junge 14 Jahre alt war, kam sein Vater mit einem fröhlichen Grinsen von der Arbeit nach Hause. „Ich wurde geschnappt, weil ich zu schnell gefahren bin, aber mein Freund im Rathaus hat die Sache für mich erledigt". Als der Junior 15 Jahre alt war, fuhr er mit seiner Mutter im Wagen der Familie, als diese beim Rückwärtsfahren gegen einen Baum fuhr, wodurch der Wa-

gen stark schädigt wurde. „Wir sagen einfach, dass uns jemand rammte, als wir in der Stadt parkten", meinte sie, „dann bezahlt die Versicherung." Mit 16 Jahren hörte der Junge, wie der Großvater sich an die „guten alten Zeiten der Bezugsscheine" erinnerte, in denen er durch den Schwarzhandel mit Autos viel Geld machte. Am selben Abend prahlte Onkel John damit, dass er in seinem Geschäft keine Rechnungen schreibt - bei ihm werde immer bar bezahlt. „Ich geb' doch nicht all mein Geld ans Finanzamt!" sagte er. Als der Sohn nun 18 Jahre alt war, setzte seine Familie alle Hebel in Bewegung, damit er ein Stipendium für die Universität erhielt. Sie logen sogar in bezug auf das Familieneinkommen, damit er finanzielle Unterstützung bekam. Als er auf der Universität Schwierigkeiten hatte, kaufte er die Antworten für ein Mathe-Examen von einem Studienkollegen ab. Junior wurde erwischt und von der Universität verwiesen.

Als er nach Hause kam, brach seine Mutter in hysterisches Weinen aus angesichts der Schande, die er über sie gebracht hatte. „Wie konntest Du uns das nur antun?". Natürlich erkannte sie nicht, dass das Leben an den Werktagen lauter spricht als die Platitüden am Sonntag. Sie hatten eine Lüge gelebt, und ihr Kind hatte die Botschaft verstanden!

Wahrscheinlich ist diese Geschichte erfunden, aber in der Art passiert es wohl überall. Nicht umsonst ist Versicherungsbetrug und Steuerhinterziehung gesellschaftlich-hoffähiger Volkssport. Das Gewissen dieses Jungen wurde durch das Vorbild der Verwandten mit der Zeit zum Schweigen gebracht. Wahrscheinlich hätten die Verwandten nie einen Nachbarn bestohlen oder in einem Laden etwas mitgehen lassen, aber bei juristischen Personen hatten sie dabei keine Schwierigkeiten. Sie hatten sich ihre eigenen Maßstäbe zurecht gezimmert und ihr Gewissen darauf geeicht. Dass diejenigen, die z.B. eine ehrliche Steuererklärung abgeben, die anderen mitbezahlen, daran sind sie doch selber schuld; sie sind einfach nicht „clever" genug. Doch mit der Lüge, die hinter dieser „Cleverness" steckt, ist es wie mit den Geistern, die Goethes Zauberlehrling rief und nicht mehr los wurde.

Wer sich an das Hilfsmittel „Lüge" gewöhnt, der wird es immer häufiger anwenden, denn eine Lüge zieht die andere nach sich, bis irgendwann alles zusammenbricht. Schlimmer noch ist, dass andere, besonders Jüngere, dieses Verhalten nachahmen, denn jeder Mensch ist ein Vorbild, ob er will oder nicht: Ein gutes oder ein schlechtes. Und er prägt die Gewissen anderer mit.

Auch in der Bibel steht einiges zum Thema Gewissen und mit einem Beispiel aus Apostelgeschichte 23,1 möchte ich beginnen. Paulus war fälschlich angeklagt, die jüdische Religion zerstören zu wollen, weil er von Jesus Christus predigte.

Da sah Paulus den Hohen Rat fest an und sprach: Ihr Männer und Brüder, ich habe mit allem guten Gewissen Gott zu dienen gesucht bis auf diesen Tag.

Eine harte Aussage: Ich habe immer in jeder Lage nach bestem Wissen und Gewissen gehandelt. Wer kann so etwas schon von sich sagen! Als Reaktion darauf folgt:

Aber der Hohepriester Ananias befahl den Umstehen-

den, ihn auf den Mund zu schlagen.

Sicherlich steckte hinter dieser Reaktion auch etwas das schlechte Gewissen des Hohepriesters. Denn es ist ja oft so, dass diejenigen heftig auf die Frage nach dem Gewissen reagieren, die selbst kein reines haben.

Im alten Testament schreibt Hiob in Hiob 27,6;

„Mein Gewissen straft mich über keinen Tag. "

Luther übersetzt „beißt mich nicht".

Das ist die Sache, wohin die Bibel jeden Menschen führen will (1. Tim. 1,5):

Der Endzweck des Gebotes (der Bibel) ist - Liebe aus reinem Herzen und gutem Gewissen und - ungeheuchelter Glaube.

Doch wie erreicht man das ? Das Gewissen ist sicherlich verbiegbar, so dass man es an selbstgemachte Normen anpassen kann. Die Umgebung und die eigene Schlechtigkeit, die laut Bibel in jedem Menschen ist, verhindern, dass wir ein Gewissen wollen, dass sich an Gottes Willen hält. Und ein Gewissen, dass nicht nach Gottes Willen geeicht ist, wird laut Bibel nie völlige Ruhe erlangen.

In Hebräer 9,14 ist der biblische Weg beschrieben:

Das Blut Jesu Christi, der durch den ewigen Geist sich selbst als ein tadelloses Opfer Gott dar gebracht hat, wird unser Gewissen von den toten Werken reinigen, damit wir dem lebendigen Gott dienen können.

Dieses Opferprinzip stammt aus dem alten Testament, wo für die Sünden eines Menschen dieser ein Tier opfern musste, damit sie vergeben wurden. Dies hörte mit Jesus auf. Er opferte sich für die ganze Menschheit und wenn ein einzelner dieses Opfer für sich annimmt, indem er vor Gott zugibt, dass

- er ein schlechter Mensch ist und ohne Gott lebt

- er Gottes Hilfe will und sich Jesus ganz unterwerfen will,

dann wird das Blut Christi, dass damals vergossen wurden, für ihn wirksam: Er bekommt Kontakt zu Gott und sein Gewissen wird gereinigt und Schritt für Schritt auf Gottes Willen geeicht und dann kann er ein echtes, gutes Gewissen wie ein sanftes Ruhekissen bekommen.

Zeit

Da mir am Ende meiner Diplomarbeit die Zeit wegzulaufen schien, ist mir das Thema „Zeit" zu diesem Zeitpunkt neu in den Blickpunkt gerückt. Im Buch des Predigers (tlw. auch „Kohelet" genannt) in der Bibel gibt es zum Thema Zeit einen eigenartigen Text (Prediger 3,1-11):

Für alles gibt es eine [bestimmte] Stunde. Und für jedes Vorhaben unter dem Himmel [gibt es] eine Zeit:

Zeit fürs Gebären und Zeit fürs Sterben,

Zeit fürs Pflanzen und Zeit fürs Ausreißen des Gepflanzten,

Zeit fürs Töten und Zeit fürs Heilen,

Zeit fürs Abbrechen und Zeit fürs Bauen,

Zeit fürs Weinen und Zeit fürs Lachen,

Zeit fürs Klagen und Zeit fürs Tanzen,

Zeit fürs Steine werfen und Zeit fürs Steine sammeln,

Zeit fürs Umarmen und Zeit fürs sich Fernhalten vom Umarmen,

Zeit fürs Suchen und Zeit fürs Verlieren,

Zeit fürs Aufbewahren und Zeit fürs Wegwerfen,

Zeit fürs Zerreißen und Zeit fürs Zusammennähen,

Zeit fürs Schweigen und Zeit fürs Reden,

Zeit fürs Lieben und Zeit fürs Hassen,

Zeit für Krieg und Zeit für Frieden.

Welchen Gewinn hat also der Schaffende bei dem, womit er sich abmüht ? Ich habe das Geschäft gesehen, das Gott den Menschenkindern gegeben hat, sich darin abzumühen. Alles hat er schön gemacht zu seiner Zeit, auch hat er die Ewigkeit in ihr Herz gelegt, nur dass der Mensch das Werk nicht ergründet, das Gott getan hat, vom Anfang bis zum Ende.

Man darf diesen Text nicht falsch verstehen: Der Prediger beobachtet nur und bewertet nichts. Obwohl z.B. der Krieg abzulehnen ist, gab es in der Menschheitsgeschichte immer Zeiten des Krieges, bis die beteiligten Länder erschöpft waren. Dann gab es Zeiten des Friedens, der Regeneration und ab einer gewissen Stärke ging es dann wieder los. Der Mensch hat in einigen tausend Jahren Menschheitsgeschichte noch kein Rezept dagegen gefunden. Auch wir sind in unserem heutigen Alltag genauso Zeiten, natürlichen wie wirtschaftlichen, unterworfen, mit denen wir halt leben müssen. Wir werden geboren, erleben eine Zeit der Jugend, der Kraft, um dann mit anzusehen, wie der eigene Körper langsam verfällt. Ein jeder versucht in seinem Leben aufzubauen (Familie, Ideale, Hobbys, Besitz, usw.) und muss dann doch ansehen, dass vieles wieder auseinanderfällt. Viele resignieren und versuchen, sich mit dem Erreichten („Hauptsache, ich bin gesund und habe meine Ruhe!") zufrieden zu geben.

Ich möchte nun mit Ihnen einige Bibelstellen zum Thema Zeit betrachten:

Psalm 90,2; *Von Ewigkeit zu Ewigkeit bist Du, Gott.* Gott ist ewig; er hat keinen Anfang und kein Ende und ist damit der Zeit nicht unterworfen:

2. Petrus 3,8; *Beim Herrn ist ein Tag wie 1000 Jahre und 1000 Jahre wie ein Tag.*

1. Mose 1,1; *Am Anfang schuf Gott Himmel und Erde.* Die Erde und die Menschheit haben dagegen einen Anfang und sind der Zeit unterworfen. Die Bibel sagt aber auch, dass die Erde ein Ende haben wird:

Offenbarung 21,1; *„Und ich sah einen neuen Himmel und eine neue Erde; denn der erste Himmel und die erste Erde waren vergangen;"*

Gott hat uns Hilfen zum Umgang mit der Zeit gegeben:

Psalm 104,19; *Er hat den Mond gemacht zur Zeitbestimmung.*

Das gilt auch für die Atomuhr, die -ebenso wie die Umlaufbahn des Mondes- nach naturgesetzlichen Prinzipien funktioniert.

Aber die Zeit bestimmt unser Leben:

Psalm 90,10; *Die Tage unserer Jahre sind 70 Jahre, und wenn in Kraft, 80 Jahre, und ihr Stolz ist Mühe und Nichtigkeit, denn schnell eilt es vorüber, und wir fliegen dahin.*

Hiob 14,1; *Der Mensch, von der Frau geboren, lebt kurze Zeit und ist mit Unruhe gesättigt.*

Nach einer kleinen Zeitspanne sind wir höchstens noch Erinnerung:

5. Mose 32,7; *Denk an die Tage der Vorzeit, gebt auch auf die Jahre von Generation zu Generation.* (Die meisten Menschen hier auf Erden sind aber zwei Generationen nach ihrem Tod ganz und gar vergessen.)

Gott will zu jeder Zeit -besonders in einer schweren Zeit- für uns da sein:

Nahum 1,7; *Gut ist der HERR. Er ist ein Zufluchtsort zu der Zeit der Bedrängnis; und er kennt die, die sich bei ihm bergen.*

Jeder Mensch ist aber im Innern gegen Gott eingestellt:

Römer 3,11; *da ist keiner, der verständig ist; da ist keiner, der Gott sucht.*

Dadurch laufen wir in unser Verderben und das konnte Gott nicht mehr mit ansehen und daher:

Galater 4,4; *Als die Zeit erfüllt war, sandte Gott seinen Sohn*

Jesus sagt in Markus 1,15: *Die Zeit ist erfüllt und das Reich Gottes ist nahe gekommen.*

Kehrt um und glaubt an das Evangelium.

Zeiten der Erquickung

Laut Bibel möchte Gott, dass für jeden gute Zeiten anbrechen. Ich möchte mit Ihnen dazu einen Text aus der Bibel in Apostelgeschichte 3 betrachten. Es beginnt damit, dass Petrus und Johannes durch Gottes Kraft einen Lahmen heilen, der immer am Tempel sitzt, um zu betteln. Der Lahme freut sich -verständlicherweise- dermaßen, dass er im Tempel umher läuft und -springt, laut Gott lobt und Petrus und Johannes festhält. Die erstaunte Volksmenge, die den Lahmen ja kannte, versammelt sich im Tempel und Petrus fängt an, zu der Menge zu sprechen. Er weist erst daraufhin, dass nicht durch sie sondern durch Jesus der Lahme geheilt wurde. Er spricht die Kreuzigung und die Auferstehung von Jesus an und betont, dass sie Zeugen davon sind.

Dann folgt (V.18-20):

Gott aber hat so erfüllt, was er durch den Mund aller Propheten vorher verkündigt hat, dass sein Christus leiden sollte. So tut nun Buße und bekehrt euch, dass eure Sünden ausgetilgt werden, damit Zeiten der Erquickung kommen vom Angesicht des Herrn und er den euch vorausbestimmten Jesus Christus sende!

Durch das Leiden und den Tod am Kreuz hat Jesus die Strafe für unsere Sünden bezahlt. Petrus fordert die Menschenmenge auf, *„Buße zu tun"*. Man kann diesen Ausdruck auch mit *„umkehren"* übersetzen. Das bedeutet, dass man sein bisheriges Leben als gottlos (ohne Gott) anerkennt. Man hat bisher immer selbst über sein

Leben entschieden und wollte nicht, dass Gott einem da reinredet. Das kann -nach bürgerlichen Maßstäben- auch ein gutes Leben gewesen sein. Zu dieser Umkehr gehört dann, dass man Gott seine Sünden (falsche Gedanken, Worte und Taten) bekennt.

Dann folgt die Bekehrung; d.h. man übergibt sein Leben selbst an Jesus. Wichtig dabei ist, dass man niemand anderen zu Jesus bekehren kann; das kann man nur sich selber. Und nur durch eine Bekehrung gilt Jesu Opfer für einen selbst -sonst nicht-, denn für Jesus ist der freie Wille eines Menschen in dieser Angelegenheit heilig.

Dann verspricht Petrus „*Zeiten der Erquickung*". Das Leben mit Jesus unter seiner Herrschaft unterscheidet sich erheblich vom Leben ohne Jesu Herrschaft. Ein paar Stichpunkte dazu sind: Frieden im Herzen, ein gutes Gewissen, einen Sinn im Leben, Gottes Hilfe und Nähe, vergebene Schuld, usw.

Danach spricht Petrus die leibhaftige Wiederkunft von Jesus an. Er wird kommen und alle vor das letzte Gericht stellen, die in ihrem irdischen Leben nicht zu ihm umgekehrt sind.

Vor diesem letzten Gericht werden diese Personen dann für alle ihre jemals in Gedanken, Worten und Werken begangenen Sünden gerichtet werden. Die Sünden derer, die sich zu Jesus bekehrt haben, sind durch Jesus' Opfer vor Gott ausgelöscht worden, und daher werden sie dafür von Gott nie mehr zur Rechenschaft gezogen.

Nachwort

Da sich im letzten Jahr in meinem Leben viel verändert hat, - Beginn meines Arbeitsleben, Umzug nach Leichlingen, Verlobung, Heirat, bald Kind (in der Reihenfolge) - kam ich irgendwie nicht dazu, einen Nachbarschaftsbrief zu schreiben. Aber es sollte auch einen Abschluss geben und dazu möchte ich ein paar Zahlen angeben:

Mit dem Nachbarschaftsbrief begann ich im November 1990 und verteilte ohne Unterbrechung jeden Monat einen Nachbarschaftsbrief bis August '94 und dann noch einmal im Mai '95.

Damals gab es am Heidkamp ungefähr 190 Haushalte und ich verteilte an alle Haushalte.

Im Laufe der Jahre wuchs die Gruppe derjenigen, die den Nachbarschaftsbrief nicht mehr wollten, auf ca 12 Leute an. Leider habe ich die Liste verlegt, also seien Sie mir nicht böse, falls Sie zu dieser Gruppe gehören. Einer begründete seine Ablehnung damit, dass er „diesen Hirtenbrief" nicht mehr lesen wollte, ein anderer lehnte meine „Reformationsversuche" ab. Die meisten anderen Ablehnenden gaben keine Begründung an.

Ich selbst hatte keine kommerzielle Absichten und wollte auch keine Werbung für eine spezielle Gemeinde machen, da ich nur die Bibel bekanntmachen wollte.

Deswegen habe ich mit ein paar Freunden vom Oktober '92 bis zum Juli '94 ein offenes Bibellesen mit gemeinsamen Gedankenaustausch angeboten. Weil die Gruppe aus sehr unterschiedlichen Leuten zusammengesetzt war (16 - 70 Jahre), war der Gedankenaustausch recht interessant. Immer mal wieder kamen auch andere dazu. Gegen Ende der Zeit ließ das Interesse nach und deshalb hörten wir auf und konzentrierten uns auf Hausbibelkreise in unseren eigenen Gemeinden.

Ich selber habe mich vor Mai 1986 für Jesus Christus entschieden und versuche seit dieser Zeit intensiv mit Jesus zu leben und beschäftige mich daher auch zwangsläufig intensiv mit der Bibel. Je mehr ich drin lese, desto mehr bin ich davon überzeugt, dass die Bibel wahr ist und dass sie **die göttliche Wahrheit** ist.

Es gibt natürlich viele Glaubensgemeinschaften, die sich auf die Bibel berufen. Aber wenn Sie mal auf die Praxis achten, werden Sie feststellen, dass die meisten Glaubensgemeinschaften entweder sich nur das aus der Bibel heraussuchen, was ihnen gefällt, und das andere nicht beachten oder „Die Bibel und unsere Tradition" verkündigen. Und wenn die Bibel der Tradition widerspricht, dann gilt natürlich die Tradition. Ich habe die Erfahrung gemacht, dass die Bibel sich weitgehend selbst erklärt. Man braucht auch keinen Cheferklärer, auch wenn man Manches anfangs nicht versteht.

Die Bibel handelt in erster Linie von einer Person: **Jesus Christus**. Und sie handelt davon, dass es lebensnotwendig ist, Jesus Christus als seinen Retter und Herrn anzunehmen.

Ich wünsche Ihnen für die Zukunft alles Gute und das Jesus Christus sie nicht loslässt.

Ihr

Peter Schütt

Index

www.ingramcontent.com/pod-product-compliance
Lightning Source LLC
Chambersburg PA
CBHW060523030426
42337CB00015B/1980